精准搜索术

朱丹 著

中国科学技术出版社
·北京·

图书在版编目（CIP）数据

精准搜索术 / 朱丹著 . -- 北京：中国科学技术出版社 , 2024. 10. -- ISBN 978-7-5236-0954-5

Ⅰ . G254.9

中国国家版本馆 CIP 数据核字第 2024RL3746 号

策划编辑	李　卫	文字编辑	童媛媛
责任编辑	胡天焰	版式设计	蚂蚁设计
封面设计	东合社	责任印制	李晓霖
责任校对	邓雪梅		

出　　版	中国科学技术出版社
发　　行	中国科学技术出版社有限公司
地　　址	北京市海淀区中关村南大街 16 号
邮　　编	100081
发行电话	010-62173865
传　　真	010-62173081
网　　址	http://www.cspbooks.com.cn

开　　本	710mm×1000mm　1/16
字　　数	167 千字
印　　张	13
版　　次	2024 年 10 月第 1 版
印　　次	2024 年 10 月第 1 次印刷
印　　刷	大厂回族自治县彩虹印刷有限公司
书　　号	ISBN 978-7-5236-0954-5/G・1056
定　　价	99.00 元

（凡购买本社图书，如有缺页、倒页、脱页者，本社销售中心负责调换）

前　言
打开搜索之门一起寻宝

古今中外，凡集大成者，一般都非常重视搜索和利用各种信息和资料。科学家牛顿曾说过："如果说我比别人看得更远些，那是因为我站在巨人的肩膀上。"经过在香港大学度过的六年时光，我深刻理解到，所谓"站在巨人的肩膀上"就是搜索并利用前人研究已产生的信息和资料，以免自己做事情的时候重复造轮子，进而在别人终点的基础上找到自己的起点，从而取得突破。

在 2000 年 1 月，美国大学与研究图书馆协会（Association of College and Research Libraries, ACRL）通过了《美国高等教育信息素养能力标准》（*Information Literacy Competency Standards for Higher Education*）。2003 年 9 月，联合国信息素养专家会议发表了《布拉格宣言》（*Prague Declaration*）。在这份文件中，专家呼吁：信息素养是人们有效参与信息社会的一个先决条件，是自主学习的一种基本人权。信息素养是一种了解、搜集、评估和利用信息的知识结构，需要通过熟练的信息技术、完善的调查方法、鉴别和推理来完成。

随着知识经济、信息网络化时代的到来，我们每一天所面临的信息量急剧增长，我们需要对知识进行深度挖掘，这就要求我们能够准确识别自己所需要的信息，高效获取、分析和充分利用信息去解决实际生活和工作中的问题，这是我们每一位公民所必备的基本素养。

我们经常说，现在是一个信息爆炸的时代，大量的信息不断涌现。我们在享受各种信息福利的同时，也不得不面对信息过载带来的困扰。

在纷繁复杂的海量信息中，如何准确识别并快速定位自己的所需？

淘宝、京东，除了下单，还能学到哪些免费的资源干货？

公司请代言，老艺术家和年轻演员，哪个更有性价比？

新客户要合作，如何判断对方是不是靠谱？

生病找医院，如何避开莆田系的坑？

时间紧、任务重，如何高效做出内容充实、让人惊艳的幻灯片（PPT）？

考研，如何选导师？如何找到陌生导师的联系方式？

做市场，如何通过正当的途径轻松获取目标公司高层的联系方式？

为什么别人几分钟搞定的事情，你却需要大半天？

信息泛滥的时代，如何保护自己的隐私？

如何发现互联网上的实用小工具？

这些问题的答案，可以归结为两个字：搜索！

搜索是一门需要不断学习和积累的技术，也是一种基于信息解决问题的方法，是工作、学习、生活的底层能力，是信息化生存的核心素养。

搜索有没有"道"，结果会差得很远。善用搜索，事半功倍，意气风发；搜索不精，处处受限，失去机会。

也许你会想："搜索，还用学吗？百度一下，谁都会啊。"事实并非这么简单，搜索远不止百度。即便是用百度，多数人也没有摸准搜索的门道。百度之外，别有洞天，却少有人去发掘和探索。

搜索，是一类网站，是一批语法，是一堆工具，更是一种方法、一种理念、一种思维。技术易学，思维难成，本书将助你实现从技术到思维的全面贯通。

前言　打开搜索之门一起寻宝

这些年我一直从事这方面的教学和研究。2018 年年初，我开设了一门叫"12 节超级搜索术"的课程，目前全网已经有百万学员。这门课打开了信息素养的大门。后续我又写了一本书——《超级搜索术》，承蒙各位同行和读者的认可，已经连续重印很多次。自此之后，我又继续开设"搜索力特训营"，深受广大学员喜爱。这些年我遍历信息素养相关的所有课程、书籍和学术论文，加上之前的教学积累，在知乎、Quora[①] 等平台精读各类搜索话题和问题，亲自验证来自各路搜索达人的真知灼见和技巧，从而有了更多的积累和反思，觉得有必要把我所搜罗的、掌握的并亲自验证过的搜索干货分享出来。本书所呈现的是贴近生活实际、拿来就能用的实在内容。

看我的书不需要什么基础，只要会上网就可以。这个标准几乎不算是什么标准。我还是想说，下面的三类学员，我更想与你分享和交流。

本书的第一类合适的受众群体是职场人。 职场人不缺激情，潜力巨大，需要的是基础和经验。工作效率和质量不仅关系到你在老板眼中的形象，同时也关系到个人的收入和职业前景。本书会在解决问题这个角度上与你共鸣，助你利用搜索信息、工具提升工作效率和质量，并从思维和理念这个层面提升你的解决问题能力，为你的职场进阶打下坚实的基础。

本书的第二类合适的受众群体是大学生。 尽管多数大学都会开设一门名为"信息检索"的课，但是二者名字虽然看起来有点类似，内容绝对相去甚远，重合率应该不会超过 5%。多数大学的"信息检索"课程目前还是以学术搜索为主。我的这本书会告诉你大学课堂上学不到的内容，而这些内容又与大学生的生活、学习以及以后的工作密切相关，并且十分实用。

[①] 问答网站，由脸书（Facebook）前雇员查理·切沃（Charlie Cheever）和亚当·安捷罗（Adam Angelo）于 2009 年 6 月创办。——编者注

本书的第三类合适的受众群体是终身学习者。信息化时代，新事物不断涌现，知识和技术日新月异，要跟上并适应这个时代，我们就必须持续更新知识体系和能力体系。这就需要我们不断学习。从这个角度上来说，我们每个人都是自主学习者。

当然，我们也应该感谢这个时代，它为我们提供了大量的学习资源、工具、方法和渠道。你需要具备搜索能力和搜索意识，在需要的时候能够想到、找到、利用信息实现自己的学习目标。我写这本书的目的就是从资源、工具、技术、思维等方面帮你找到自主学习的门道。

在本书中，我想用贴近工作、学习、生活的实实在在例子告诉你海量的资源、高效的方法、小众的技巧、实用的工具，从而使你在以下几个方面得到提升。

1. 提升解决问题的效率和质量

基于搜索思维，选择搜索系统，借助搜索工具，利用搜索技术，找到合适资源，提升解决问题的效率和质量，使你在工作中游刃有余，成为同事眼中的那个有办法的人。

2. 强化信息意识和探究精神

资源、系统、技巧、工具都可能会变，不变的是基于信息解决问题的方法和思路，比方法和思路更重要的是基于信息解决问题的意识以及在不断探索中找到问题答案的探究精神。这是我在设计内容和案例时的一个基本逻辑。通过你的参与和我的陪伴，你肯定能理解我的想法。

3. 培养自主学习的能力

自主学习能力不仅直接关系个体的发展，同时也间接影响整个社会的进步。在纷繁复杂并且快速变化的现代社会中，拥有自主学习能力才能保证自己跟上时代的节奏。培养自主学习能力是这本书的终极目标，基于信息在探究中解决问题的过程其实就是一个学习的过程，从技能到思维的进阶也是我们培养自主学习能力的一个重要路径。

从小我的智商就不高，甚至有些笨，尤其上了中学后，上学一度让我很痛苦。加上自己的记忆力不太好，我一度有些厌学。直到高考后的暑假，我开始接触互联网，通过搜索进入了另一个世界，才开始人生的奇幻之旅。

大学我读的是英语专业，因为会搜索，所以可以通过非常简单的搜索指令几秒钟就找到系列美剧的下载地址，获取很多高质量的资源。尽管这种学习方法看似经常不务正业，但对英语学习来说，效果出奇地好。每学期我都能拿到各种荣誉和奖学金，整个大学 4 年下来，各科平均分高达 92 分。

我没有经过任何的补习班培训就在最早期拿到了高级翻译证书。那时因为获得这个证书的人很稀缺，我顺利在论坛和网站中搜索到了很多翻译相关的兼职机会，为我自己挣够了学费和生活费。

后来在申请境外研究生和博士的过程中，我靠着搜索解决了所有的困难和疑问，没有找过任何中介，也没有参加过任何培训班。这让我省了许多钱，也省了许多精力。

在读研和读博期间，我通过搜索找到了往届学生相关科目的作业和论文，仔细拜读并研究后就知道了自己处于什么水平，并且对该如何做得更好有了清晰的思路，大大节约了完成学习案例的时间，研究生必修课成绩均为 A，进而获得了我现在的导师，也是教育领域里最顶尖的博导的多次邀请。在顶尖大学的留学经历带给我的人生体验，还有它带来的职场快速晋升潜在价值，真的是不可估量。

再聊聊我从职场小白逆袭为首席技术官（CTO）的故事。进入职场，搜索这项能力最有用。做任何事情之前，我一定会先搜索一下前辈和其他人是怎么做的，以了解在此基础上我可以有哪些改进。就这样，毫无背景的我一步步从月薪 3000 元的职场小白做起，像绝大多数的职场人士一样凡事靠自己取得了一定的成绩。

我的情商并不高，初入职场时从来不懂得阿谀奉承、溜须拍马，经常跟领导有一说一，但神奇的是这样的性格并没有给我带来多少困扰。相反，我的职场晋升之路异常顺利，我感觉自己是以火箭的速度从基层做到中层，再从中层做到高层、公司合伙人的，这其中搜索能力起到了至关重要的作用。而且，在我几次重大的事业转型期，搜索为我在人脉获取方面提供了极大的便利。我通过互联网轻松找到了自己需要的关键人脉。

当了妈妈以后，这项能力更是给我的生活带来了极大的方便，买宝宝用品前我会先逛逛优惠券网站，"双十一"前我会先上一下历史比价网站，购买大额消费品前我会先上一下全网比较网站，等等。

买房、投资、买衣服、买玩具、发烧感冒看医生、家庭矛盾处理、孩子择校，样样都离不开搜索。我提到的这些只是我学习经历的一部分。这些阶段性的学习经历都是发生在课堂之外、学校之外，是自己为了完成一些阶段性目标而做的自主学习。当然它们只是自主学习的一部分。

多年的工作和学习经验告诉我："人生中 99% 的问题早已有答案，你只要搜索就好。"只要去搜索，你就能一直站在巨人的肩膀上去寻求新突破，做出微创新。我一直践行着通过搜索找到那 99% 的答案。如果找不到答案，我们再通过科学研究的方法找到剩下那 1% 人类未知的答案。

搜索技能这么重要，为什么 90% 的人都还停留在只会用百度搜索关键词的层面？我并不是说不能用百度，而是说除了百度还有非常多好用的搜索渠道，也有很多可以让你一秒搜索到想要的资料的平台。这会让你省去很多时间。一个人如果不知道这些，可能永远不知道自己错过了什么。

搜索是一门技术，需要学习；同时，搜索也是一门艺术，需要顿悟。

前言　打开搜索之门一起寻宝

作为一个提倡搜索力的老师，我常常为一些人事无巨细的伸手行为而感到无奈，也常常会为许多人不能具备举一反三的搜索思维而着急。

长期与人交流和咨询的过程中，我发现刻板的搜索方式和途径会让不少人获取信息时感到非常吃力。很多时候只知道一些死的搜索渠道和死的搜索技术，但不具备灵活的搜索思维和搜索逻辑，真正遇到问题时你就会束手无策。

尽管网上也充斥着大量的搜索技巧，但大部分都是和搜索指令相关的，很少有培养和锻炼搜索思维和搜索逻辑的内容。网上的内容很多非常陈旧，甚至许多网站的链接都已经失效，如果真的是用这些去进行实操的话，你就会浪费大量宝贵的时间和精力。只有掌握了正确的搜索方法和以不变应万变的搜索逻辑，适当地了解一些当前最适合的搜索渠道和搜索技巧，那么这项技能才能终身伴随你。请记住以下四点：

- 信息素养和自主学习很重要。
- 搜索力是自主学习的最佳搭档。
- 创造性解决问题的过程也是提升信息素养和自主学习的过程，要珍惜各种学习机会。
- 工作、生活、学习中最应该培养的是信息素养和自主学习能力。

好了，现在就让我们推开搜索之门，一起发掘互联网世界的信息宝藏吧。

目　录

第一部分　工具篇　掌握秘密搜索武器，轻松找到资源 / 001

　　第一章　信息直达：高级搜索指令和高级检索界面 / 003
　　　　　搜索指令升级 / 004
　　　　　高级检索界面 / 011
　　　　　搜索思路优化 / 016
　　第二章　垂直搜索：除了百度，还有更多更好的选择 / 020
　　　　　基础工具包——搜索引擎 / 021
　　　　　信息指路人——导航网站 / 021
　　　　　快速的通道——垂直搜索工具 / 021

第二部分　生活篇　从衣食住行中省出一大笔钱 / 029

　　第三章　购物渠道：找准渠道，买到质优价美的产品 / 031
　　　　　明确搜索逻辑 / 031
　　第四章　健康饮食：做饭或点外卖都能省钱又健康 / 045
　　　　　外面买美食 / 045
　　　　　家里做美食 / 050
　　第五章　安家落户：租房、买房、房产投资更实惠 / 055
　　　　　租房 / 055
　　　　　买房 / 061
　　第六章　休闲娱乐：看电影、旅游，轻松省出豪华游 / 067
　　　　　日常小范围出行 / 067
　　　　　远距离出行 / 073

第七章　学习提升：找到适合的书籍、课程、资料 / 078

　　　　如何找到优质的书单并获取这些书籍？ / 079

　　　　如何搜索并选择合适我们的课程？ / 082

第八章　人生琐事：求医问药等琐事也能省心省力 / 089

　　　　求医问药 / 089

　　　　理财投资 / 093

第三部分　职场篇　从主副业中赚到一大笔钱 / 103

第九章　提高效率：PPT、图片、剪辑模板资源，让你的效率高 10 倍 / 105

　　　　如何完成项目策划方案？ / 105

　　　　PPT 模板的搜索渠道 / 107

　　　　图片的搜索方法 / 109

　　　　如何剪辑模板？ / 111

第十章　挖掘需求：用对关键词，快速、轻松地赢利 / 114

　　　　哪些平台可以获得需求？观察哪些数据？ / 115

　　　　确定关键词：需求点和问题场景 / 118

第十一章　找准商机：一键找准用户痛点和潜在商机，变现超简单 / 123

　　　　借力：同行找到了哪些商机？ / 123

　　　　反馈：用户对产品如何评价？ / 124

　　　　分析：模仿迁移，发现新商机 / 125

第十二章　获得经验：快速找到成功方法，轻松解决任何难题 / 129

　　　　经验搜索背后的思维：模型思维 / 130

　　　　常见的经验搜索渠道 / 131

　　　　案例分享 / 134

第十三章　找到客户：没客户没订单？一键获取目标客户联系方式 / 139

　　　　B2B 平台及行业平台网站 / 140

目录

    从行业平台网站获取信息 / 141

    引擎搜索 / 142

    被动引流 / 145

  第十四章 积累人脉：没渠道没资源，这招教你快速链接想要找的人 / 148

    充分调用现有人脉 / 149

    线上搜索人脉资源的途径 / 151

    线下渠道链接投资人 / 153

    没能成功打动投资人怎么办？ / 155

第四部分 防骗篇 骗局不少，守护好钱袋子 / 159

  第十五章 真假信息：这样搜索信息能避开各种坑 / 161

    信息甄别 / 161

    总结 / 163

    对策建议 / 164

  第十六章 源头甄别：选对信息源头，远离各种陷阱 / 166

    求学 / 166

    招聘 / 168

    选择中介服务 / 169

    婚恋 / 170

    总结 / 170

  第十七章 渠道甄别：用好权威渠道和信息核实渠道 / 174

    权威网站 / 174

    官网 / 175

    依靠群众雪亮的眼睛 / 175

第五部分　思维篇　打通搜索思维，助力职场生活，人生轻松逆袭 / 179

　　第十八章　搜索逻辑：搜索小白成为大神的必备逻辑 / 181

　　　　　　搜索之前，先界定问题 / 181

　　　　　　如何提高界定问题的能力？ / 183

　　　　　　选择恰当的渠道，提高搜索效率 / 184

　　　　　　怎么搜：抽取关键词、构造检索式 / 185

　　　　　　搜索修正——搜索没有绝对的终点 / 186

　　第十九章　探索精神：在探索中打通搜索精进的内核 / 187

第一部分

工具篇
掌握秘密搜索武器,轻松找到资源

第一章

信息直达：高级搜索指令和高级检索界面

谈起搜索，可能很多人认为会在百度里输入关键词就能够搜到自己想要的东西了，搜索指令是用来干吗的？

因为搜索引擎有其特定的工作原理以及相应的商业模式，我们在搜索的时候，如果完全依靠搜索关键词，你会发现搜索出来的结果往往相关度低、夹杂大量广告，甚至有时候无法搜索到想要的结果。这时，你其实是在被动接受搜索结果。学会使用搜索指令就可以帮助我们改变被动的情况。

那么，什么是搜索指令呢？**搜索指令指的是搜索引擎提供的一些便于搜索的特殊指令，用来帮助用户配合普通关键词的使用。**它可以帮助我们化被动为主动。掌握常用的基础搜索指令可以帮你跨出被动搜索，达到直接主动出击的目的。

接下来，我将介绍一些高级的搜索技巧。你在掌握了这些方法之后，就能够根据自己的实际需求进行快速搜索。同时我还会介绍一些解决问题的思路，帮你利用常见的搜索指令提高解决问题的能力。

本章内容主要分为三个部分：

- 搜索指令升级——原来搜索指令还能这样用。
- 高级检索界面——搜索引擎隐藏的强大功能。
- 搜索思路优化——遇到问题这样搜方便快捷。

搜索指令升级

我们先来回顾一下常用的搜索指令。

- site：这个指令将搜索结果限定在某个网站中，比如"学习方法 site:zhihu.com"就是指在知乎中搜索有关学习方法的内容。如果你已经知道某个网站中有自己需要的东西，那么在搜索的时候就可以通过使用 site 指令，把搜索范围限定在这个网站中，以提升搜索的效率。site 的具体用法是用"关键词 site：搜索范围所限定的站点"搜索，这里一定要注意，站点前不用加 http 或者 www。可能有人会问："为什么不直接在站内搜索呢？"原因是并不是所有网站的站内搜索功能都设计得很好，而通过借助专业搜索引擎来实现站内搜索，可以直接弥补有些网站站内搜索功能不理想的缺陷。

- filetype：这个指令用来搜索特定文档类型的内容，比如用"工作汇报 filetype:PPT"搜索，搜索出来的结果就是 PPT 格式的工作汇报。filetype 这个命令在搜索专业文档资料时是非常好用的，它可以限定搜索结果的文档格式。具体用法是用"关键词 filetype：文件格式"搜索，这里的文件格式可以写 PDF、PPT、DOC 等格式。

- intitle：限定搜索标题中一定要包含我们输入的关键字，比如"intitle 搜索技巧"，得到的结果标题中就都会带有"搜索技巧"这几个字。它的用法是用"关键词 intitle：需要限定的关键词"搜索。

- 减号"–"：它用来去掉我们不想要的内容，输入"PMP 考试[①] – 推广 – 推广链接"，即去掉所有的广告和推广链接之意。由于百度的盈利有部分来自竞价排名，因此很多时候使用这个指令去除广告的效果并不明显，

---

① 项目管理专业人士资格认证。——编者注

但这不妨碍这个指令的重要性。在使用必应等其他搜索引擎时它还是有效果的。它的作用不仅限于去广告，只要不想看到的内容，你都可以通过这个指令去掉。

以上四个搜索指令是我们最常用的初级搜索指令，如何记住呢？教你一个简单的方法：把这几个搜索指令写到便笺上，并贴在电脑的屏幕旁边，平时使用搜索引擎的时候，有意识地练习3~5遍。体会到了这些用法的便捷后，你就能形成习惯了。

除了这些常用的搜索指令，我们还有一些其他的搜索技巧。

1. 关于 inurl 的用法

"inurl"这个搜索指令的作用是限定搜索结果的网址中包含我们需要的关键字段。我们可以在 inurl 后面加上一些特定网站的后缀，比如"inurl:gov"，这样就可以搜索官方网站信息了；"inurl:edu"搜索的是和教育有关的内容。这些网站的网址上带有"gov""edu"等关键字段。

除了这些网址缩写，我们还可以带上"video""news""data""report""question""PPT""Excel"等字段，这样搜索到的网址中就会带有这些关键词。比如，"PS 视频教程 inurl:video"，这个搜索指令的含义是"PS 视频教程"。它可以出现在网页的任何位置，但是搜索到的网址中必须包含"video"。在百度上搜索的结果如图 1–1 所示，你会发现点开全部都是视频的链接。

当我们想了解时事新闻时，搜索出来的结果经常是一些自媒体账号发的文章，这时我们就可以用"inurl"来限定信息来源，比如"疫情 inurl:news"，其中"疫情"这个关键词可以出现在搜索结果中的任意位置，比如文章标题、文章内容中，但是搜索到的网址中都带有"news"，也就是说它们都是新闻网址。在百度中搜索的结果如图 1–2 所示。

精准搜索术

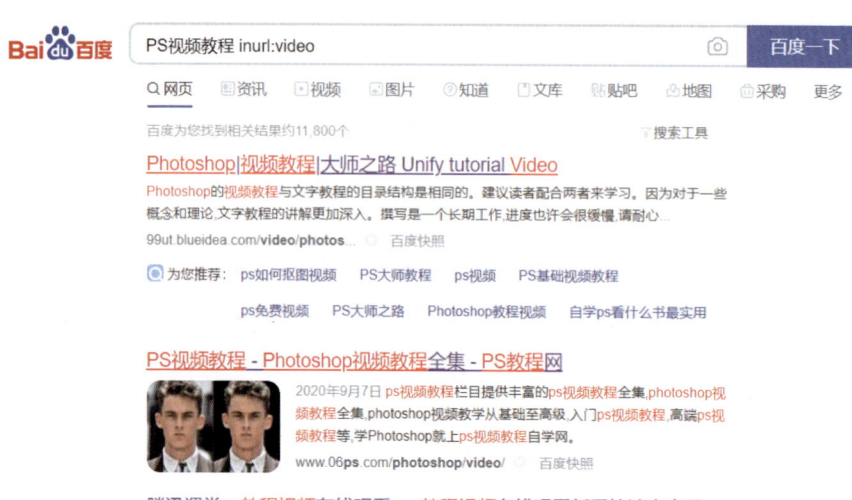

图1-1 "PS视频教程 inurl:video"的搜索结果示例

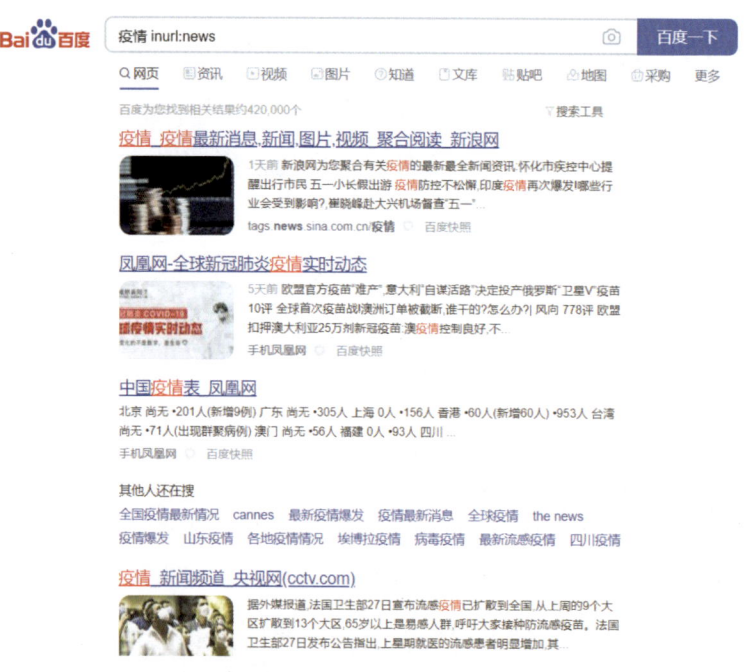

图1-2 "疫情 inurl:news"的搜索结果示例

我们可以对比一下只搜索"疫情"这两个字的百度结果，如图1-3所示。

图1-3　只搜索"疫情"的百度结果示例

其他的如"工作总结 inurl:ppt""电商行业 inurl:report""电商行业 inurl:data"等，你可以尝试搜索一下看看结果是怎么样的。

除了英文的字段，有很多网站也会用一些中文的拼音，比如用"英语 inurl:jiqiao –广告"搜索，你就可以搜索到英语学习技巧。我用了两个搜索指令，用"inurl"限定搜索网址中是有关于技巧的内容，同时用减号去掉了一些广告链接（图1-4）。

图1-4 "英语 inurl:jiqiao-广告"的搜索结果示例

之前我们常用的都是单一的搜索指令，其实搜索指令的组合使用也是非常方便的。

2."site+inurl"

很多人弄不清楚 site 和 inurl 这两个搜索指令的区别，其实二者并不难理解。site 是指在某个特定网站的搜索，inurl 是指限定某个垂直板块的搜索，比如上文提到的 news 是新闻类的搜索。

打开新华网，上面有非常多的类别，比如文化、财经、科技等。每一个类别的网址关键词是不一样的，比如文化类别的网址 http://www.xinhuanet.com/culturepro/，科技类别的网址 http://www.xinhuanet.com/techpro/，那 inurl 中的关键字段就是"cultureprot"（文化）和"techpro"（科技）。

当 site 和 inurl 联合使用的时候，我们可以将其理解为搜索某个网页下面的某个栏目。下面介绍的例子是我平时常用的一个搜索指令组合的场景。通过在搜索引擎里输入"'深度学习'filetype:PPT site:edu.cn"，进行文件类型和文件来源的两个指令叠加，我们便可以很快搜索到来自教育机构的关于深度学习的 PPT 类型的文件了（图 1-5）。这样做可以大大提高搜索效率，节约时间。

图 1-5 "'深度学习'filetype:PPT site:edu.cn"的搜索结果示例

你在日常进行搜索的时候，可以多尝试各个搜索指令的组合，做到快、准、狠地找到想要搜索的信息。

3."inurl+intitle"或"site+intitle"

这两个搜索指令组合比较好理解，即限定某个网页中搜索到标题中带有关键词的结果。比如我想在所有论坛中搜索有关"考研经验"的内容，那就可以用"intitle: 考研经验 inurl:bbs"，这样搜索就能出现非常多的标题中带有"考研经验"的搜索结果（图 1-6）。

图1-6 "intitle:考研经验 inurl:bbs"的搜索结果示例

同理，其他搜索指令也可以组合使用，比如"filetype: 文件类型 intitle: 关键字"，你也可以在每一个搜索指令后面使用减号"-"减少广告的干扰。

在使用组合搜索指令的时候，对于搜索指令的顺序并没有太大的关系，但是一般是将搜索的关键词放在前面，把对搜索范围的限定，比如对网站的限定site、inurl等放在后面。

4. 布尔运算

布尔运算用于梳理多个关键词搜索的逻辑关系，如果你需要搜索的结果比较复杂，需要和两个或以上的关键词有关就可以使用布尔运算。

常见的布尔运算有三类。

★ 逻辑"与"的关系用英文单词表达就是"and"，这个词类似数学中的交集，你可以将想要搜索的词语用"and"连接起来，系统就会默认选择只呈现两者之间的交集，这样就能缩小信息范围。比如搜索"书籍 and 历史"出的结果就只有和历史相关的书籍内容了。你也可以用"+"进行连接。

★ 逻辑"或"的关系用英文单词表达就是"or"，也就是说，在搜索的时候输入两个关键词，搜索出任意一种都可以，比如"读书 or 阅读"，这样就可以扩大搜索范围。你也可以用符号"|"表示。

★ 逻辑"非"的关系用英文单词表达就是"no"，指把某一种内容从关键词里去除，其实就是上文提到的"-"符号。

上文介绍了 inurl 的用法、搜索指令的组合使用还有布尔运算在搜索中的应用。了解指令的作用只是第一步，更重要的是我们在平时遇到问题的时候要先梳理清楚搜索需求，明确想要的搜索结果是什么、在什么样的搜索范围中进行搜索。我为你准备了高效学习超级搜索术的全套电子资料合集，你在公众号"朱丹自学力"中回复关键词"电子书"可以免费获得全套资料。

高级检索界面

上文介绍了很多搜索指令，如果你担心自己记不住，我有两个方法可以帮助你。第一种方法前文已提过，将这些搜索指令整理出来贴在自己的电脑屏幕旁边，平时搜索的时候可以有意识地多应用，熟能生巧；第二种方法是，直接利用搜索引擎中的高级搜索功能。

下面以"百度"为例。在百度的首页，右上角有一个"设置"的功能，我们可以点击设置，进入设置搜索并进行高级搜索（图 1-7）。在高级搜索术中你就可以直接设置了，设置完后就能达到搜索指令的效果。

图1-7　百度的设置页面

我们可以在搜索框中输入需要的关键词（包含全部关键词），它相当于我们的布尔运算中的"and"关系。搜索时搜索引擎就会搜索整个关键词，同时也会对我们的关键词进行分词搜索，比如我们搜索"信息素养"，得到的结果如图1-8所示。

图1-8　百度中通过设置搜索"信息素养"示例

使用"包含完整关键词"搜索，出来的结果一定是关键词的完整呈现。这相当于我们使用双引号把这些关键词放在一起。同样使用"信息素养"搜索，结果如图 1-9 所示。

图 1-9 百度中使用完整关键词搜索"信息素养"示例

"包含任意关键词"相当于布尔运算中"或"的关系，我们可以输入多个关键词，用空格隔开就行，搜索结果中只要有一个关键词就可以了，比如我们用"信息 素养 搜索"这三个词搜索，结果如图 1-10 所示。

精准搜索术

图 1-10　百度中使用"包含任意关键词"搜索"信息素养"示例

"不包含关键词"比较好理解，相当于去掉我们不需要的关键词，我们可以使用减号"-"这个指令。这时我们需要输入两个部分的内容，比如你想了解印度，但是不要关于疫情的信息，你就可以如图 1-11 所示设置。

图 1-11　百度中使用"不包含关键词"搜索示例 1

搜到的结果如图 1-12 所示。

图 1-12　百度中使用"不包含关键词"搜索示例 2

我们还可以限定搜索结果的时间，这样就能够找到一些最新的搜索结果。文档格式等于"filetype"这个搜索指令。

"关键词位置位于网页任何地方"相当于我们平时搜索直接使用的关键词，"仅网页标题中"相当于使用了"intitle"指令，"仅 url 中"相当于使用了"inurl"的搜索指令，站内搜索则是"site"这个指令的功能。

除了百度，360 搜索也可以设置高级搜索，但是可能其他网站没有百度这么多的选项，那在这种情况下我们就需要运用搜索指令进行搜索。

搜索思路优化

上文从技巧方面介绍了很多搜索指令和方法，同时用一些例子让你了解了这些指令的具体用法，那当我们遇到具体问题时该如何综合应用这些搜索指令来解决呢？下面以两种情况进行详细说明。

第一种情况是，没有明确的搜索需求，只是想做初步的了解。比如你对一些最新的家用科技产品比较感兴趣，想通过搜索了解一些新的家用科技产品，有三种方法。

（1）直接使用搜索指令在百度等搜索引擎中进行搜索。首先，明确搜索关键词"家用科技产品"。其次，如果你希望得到的是比较新的内容，那就可以在时间上进行限定。最后，你就可以考虑用哪些搜索指令了。这里可以使用"inurl"指令。

这样分析下来，我们可以通过高级搜索的设置，选择时间是"一年内"、"一个月内"或者其他等，得到的搜索结果如图 1-13 所示。

你可能会发现，用这种方式搜索出来的都是新闻类资讯，如果我们想知道有哪些是自己能够用到的产品，那该如何搜索呢？

（2）先根据自己的需求考虑在哪些平台或者网站上可能会有我们能够买到的东西。在淘宝、京东等大型电商平台中，我们能够搜索到非常多先进的、意想不到的商品，而且像淘宝网这类网站一般搜索、分类功能都做得非常好，不论你想精确搜索还是模糊搜索，都能够找到很多想不到的东西，正好符合我们没有明确的搜索目的，只是想做初步了解或者开阔眼界的需求。

（3）从垂直渠道进行搜索，如果不知道有哪些垂直渠道，我们需要先搜索出垂直网站，再搜索我们需要的具体内容。如何搜索垂直网站呢？我

| 第一部分 | 工具篇 | 掌握秘密搜索武器，轻松找到资源

图1-13 关键词"家用科技产品"的百度搜索示例

们可以直接在搜索引擎中搜索"家用科技垂直网站"，就能够看到非常多的网站推荐了。还有一些导航网站中也会有科技类的栏目，比如凤凰网、新华网等。

通过以上这三种方式的搜索，我们可以总结出遇到这一类问题的搜索思路。

- 直接在搜索引擎中使用搜索指令或者高级搜索页面进行搜索。
- 在电商等平台进行垂直搜索，同时可以参考其他人的搜索关键词。
- 先通过搜索找到所需的垂直领域网站，再通过垂直网站进行搜索。

第二种情况是，我们写文章需要收集大量的素材，那么如何从一个角度出发，由点及面，搜索找到更多的内容呢？我们需要围绕一个观点找到

一些事例来进行说明。

举个例子，你想找到某明星过往的经历充实自己的写作素材。我们可以通过搜索引擎搜索他的个人经历，先从百度百科中搜到他的主要成果，并看到一条时间线，再结合一些关键事件做更详细的搜索。我们还可以通过看人物访谈的视频，这时可以用"（明星名字）访谈 inurl:video"进行搜索。但是，通过这种方式搜索到的结果会比较零散，因为来源比较多，于是我们可以思考有哪些渠道能够比较完整地梳理好他的过往。如果他的名气比较大，那肯定已经有一些文章介绍过他的成功历程，那我们就可以考虑公众号文章的垂直搜索，利用搜狗搜索里的微信垂直搜索进行搜索。

除了对人物过往经历的搜索，还有一种情况就是我们有一些观点和想法，需要通过搜索找到一些案例来进行证明，比如我们想说明"工作中要有主动性"这个论点，想要找相关的案例。案例的来源一般有三种：第一种源于你的生活，可以是亲身经历，也可以是知道的其他人的经历；第二种是别人分享在网站上的经历；第三种是书里的案例。后两种都可以通过搜索获取信息，例如别人分享到公开平台的信息。我们如果想要搜索文章、视频等，就可以直接利用关键词"工作主动性""工作主动性案例"在搜索引擎或者短视频网站进行搜索。至于书籍中提到的相关案例，我们需要先找到对应的书籍，你可以在豆瓣等网站先找到书，然后带着自己的需求去查找书中对应的内容。

通过对这些案例的分析，我希望你能够了解搜索思路。我们面对一个问题的时候，需要先明确自己的搜索策略，想清楚需要的信息可能会来自哪些渠道，然后再有针对性地逐层进行搜索。很多问题并不是一次性就能够解决的，而是需要我们不断拓展自己的搜索思维，从多渠道多维度去进行尝试。

第一部分 | 工具篇 | 掌握秘密搜索武器，轻松找到资源

搜索的过程体现的是我们的思考过程，在平时工作和生活中多想一想如何搜索，也能够提高我们的问题解决能力。

这一章主要介绍了三方面的内容。

第一，介绍了 site、filetype、intitle、减号"-"、inurl 的几个搜索指令的使用方法，还介绍了布尔运算的逻辑，尤其是 inurl 和 site 的区别，相信你已经有了更加深入的了解。

第二，详细介绍了百度高级检索界面，以后你即使不记得搜索指令，也可以利用高级检索界面快速找到需要的信息。

第三，通过多个具体的案例分享了一些搜索思路，让我们知道了如何利用这些搜索指令解决平时常见的一些问题。

如果感兴趣，你可以在公众号"朱丹自学力"中回复关键词"信息搜索"，即可免费收听搜索技能公开课以及全套课程逐字稿。

第二章

垂直搜索：除了百度，还有更多更好的选择

很多人明明已经用了10多年电脑了，但是每次需要找图片、网站、研究报告或电影时，都需要花费很多时间在各个网站里奔波。因为他们只会用百度，就算是用百度，他们的搜索方式也十分老套，并不会使用搜索指令。

每一个搜索引擎都有它的局限性。如果你深入了解了搜索引擎的工作原理，你就会发现使用单一的搜索引擎，永远有搜不到、搜不准、搜不全的时候。搜索引擎也会因为竞价排名、广告推广等商业运作行为，提供干扰信息。

其实互联网的信息和工具远比你想象中的要丰富，除了搜索引擎，你还有许多其他的工具可以使用。这些搜索工具不仅可以让搜索更加全面，还可以更加准确、高效、安全。

常用搜索工具的使用场景和功能方式分为以下三类。

- 搜索引擎。
- 导航网站。
- 垂直搜索工具。

接下来我们将结合垂直搜索工具详细讲解各类工具的用法。结合操作实践，你会渐渐感悟到挑选使用不同的搜索工具所带来的便捷性和收获。

基础工具包——搜索引擎

这个是我们最熟悉的，比如百度、谷歌、360、搜狗等搜索引擎。我们只需输入关键词就能获得大量的搜索结果。它们可以用来进行信息的初步搜索和了解。

信息指路人——导航网站

如果搜索引擎是通向信息海洋的桥梁，那么导航网站更像是我们获取信息的指路人。它把众多的网址集合起来，就像黄页一样，按照一定条件进行分类展示给人们，让你挑选。这可谓是互联网最早期的网站形式之一了，其中最著名的 hao123 网址导航就是一个经典的案例。

随着互联网的蓬勃发展，越来越多的导航网站冒了出来，很多会直接跟浏览器绑定，成为我们打开网页的默认选择。这些导航网站对于不太熟悉互联网的小白来说，是一个不错的探索媒介。

快速的通道——垂直搜索工具

垂直搜索，你可能很少听说，但你肯定用过。搜图片，你可能会用百度的图片搜索；找视频，你可能会在优酷、哔哩哔哩（B站）这些视频网站中搜索；查火车时刻表，你多半会选择12306……用百度图片搜图，用优酷找视频，用12306查火车时刻表，这些都属于垂直搜索。

简单来说，相对于百度、谷歌等综合搜索几乎来者不拒、什么都搜，垂直搜索只搜某一特定类型、某一特定领域的信息。

百度图片搜索搜到的都是图片，优酷中找到的都是视频，12306查到的都是与火车运行以及旅行相关的信息。这些都是同一类型或者符合某种特征的信息，属于垂直搜索。对具有一定的搜索能力，并且追求信息效率的人来说，我最推荐的就是垂直搜索工具了。它就是针对通用搜索引擎存在的查不准、不够深的问题而衍生出来的新的搜索服务模式。比如你想了解房地产行业，那么就可以在百度中搜索"房地产导航网站"，这样就能找到房地产行业中的常见网站。

垂直搜索一般包括行业垂直和领域垂直这两种类型。最常见的学术搜索，比如谷歌学术、百度学术就是典型的垂直搜索工具。垂直的购物搜索，比如淘宝和阿里巴巴提供的搜索也是很全面的垂直搜索方式。除此之外，我们还有专业的书籍搜索平台、音乐搜索平台、图片搜索平台等。

垂直搜索是本书的重点，后文将介绍图片、影音等垂直搜索的方法。

这里先介绍一个实际案例。紧急情况下，如何运用App、小程序、网站解决生活中的小问题？

我的学员小美在2022年3月想要报考中级会计师资格证考试，报名截止时间是3月底。因小美的疏忽，导致报名的时间仓促，填写资料时还比较顺利，但在上传本人二寸[①]白底照片时她犯了愁，照片的底色和尺寸都不符合要求，无法上传成功，怎么办呢？

她果断向搜索学习群内的伙伴求助。群内伙伴给出了两种解决方案：方案一，百度搜索PS教程，根据教程修改证件照的底色和尺寸，但过程比较烦琐，对于不会PS的人来说有一定难度；方案二，利用证件照修改微信小程序进行修改。显然第二个方案比较快捷。下面介绍具体实施方法。

[①] 这里的寸指英寸，1英寸约为2.54厘米。——编者注

在微信小程序中搜索"证件照",在显示的小程序中选择"标准证件照",点击拍摄证件照,你就可以看到有"一寸""二寸"和各类考试使用的证件照类型,点击需要的类型,选择已有的照片或者现场拍摄,选择底色和服装,最后下载保存,一张符合要求的证件照就完成了。

是不是很简单?小美也正是搜索到了这个小程序才成功报名了这次考试。但生活中我们遇到的问题不一定都是这样有问题直接找答案的情况,更多的可能是我们不是很了解或者根本不了解的问题,那么这类问题应该如何解决呢?

百度也好,谷歌也好,这些综合类搜索引擎什么都可以搜,结果很丰富,但也很杂乱,这时我们就可以用到垂直搜索。垂直搜索到底好在哪里?我认为垂直搜索的优势可以用三个字来概括——专、精、深。

"专"指的是专业。垂直搜索聚焦特定领域,图片搜索只搜图片,绝对不会出现视频;音乐搜索只搜音乐。术业有专攻,业务聚焦之后,便能深耕细作,搜索必将更专业。

"精"指的是精确。垂直搜索缩小了资源搜索的范围,大幅度减少了不相关资源的干扰,与综合搜索相比,结果更为精准。有些垂直搜索,比如12306,其实是基于实时的业务数据,搜索结果的质量更有保证。

"深"指的是可以深度搜索。很多垂直搜索的后台是结构化的数据,所提供的搜索是结构化的搜索。我们可以用多个条件、从多个维度对结果进行限定。比如用12306搜索,我们可以对起点站、终点站、时间进行具体限定,得到的结果不仅包括具体的车次,还能得到价格、区间停靠站和停靠时间、距离等一系列结构化数据。

只有一起利用垂直搜索和综合搜索,我们才能以最高效率解决一切已知和未知的各种难题。

那么，如何结合综合搜索引擎和垂直搜索App、小程序、网站解决生活中的未知问题？我将依然以生活中实际案例来抛砖引玉，为你提供解决问题的思路。

前段时间，同事小李听到家中亲戚说，现在医疗美容（以下简称"医美"）很火，她脸上的雀斑可以通过水光肌项目去除，而且效果非常好。小李听后很心动，但又担心如果做不好脸部的情况反而更糟，所以想到了先上网搜索。但她对医美一无所知，不知该如何下手。

如果你也想做医美项目，是否也会遇到这样的情况？是直接找一家做医美的店来做？还是多方面考量后再做决定？毕竟与脸相关，是要担风险的。我们面对未知或者一知半解的问题，应该遵循以下搜索原则：为什么？是什么？怎么做？

我们先分析为什么，也就是需求。小李想祛除面部雀斑，但又担忧花钱的同时还做不好，同时"是什么"也有了。我们需要弄清楚什么是医美，它的由来是什么？知道"是什么"后，再了解怎么做。接下来最基本的前提是找到靠谱的医美机构，然后选择合适的祛斑项目，最后找到靠谱的医生，完成项目。按照以上搜索逻辑我们开始搜索。

第一步，我们需要先了解什么是医美。百度搜索关键词"医美"，我们可以看到百度百科对医美的解释。它具有创伤性而且不可逆，行业较乱，但这个行业已经发展了很多年，且对从业人员的专业要求很高。我们从专业课程以及监管要求可以得出结论。通过对行业监管要求的规定的了解，我们可以得到以下信息。

- 医美机构：美容医疗机构指以开展医疗美容诊疗业务为主的医疗机构。它属于医疗机构，而非美容院或者某公司。它需要有明确的医疗美容诊疗服务范围，必须经卫生行政部门登记注册并获得《医疗机构执业许可证》后方可开展执业活动，即医美机构必须有《医疗机构执业许可证》。

● 医美项目：医疗美容项目应当由登记机关指定的专业学会核准，并向登记机关备案。医疗机构增设医疗美容科目必须按规定向登记注册机关申请变更登记。

● 医美医师：具有执业医师资格，经执业医师注册机关注册，负责实施美容外科项目的应具有6年以上从事美容外科或整形外科等相关专业临床工作经历等，从事护理的应具有2年以上护理工作经历。

● 这个行业由中国整形美容协会进行督导监管，负责披露不良机构。

第二步，我们已经大致了解了医美行业的情况，接下来搜索靠谱的机构。根据第一步提到的中国整形美容协会，我们可以查找官网中的披露信息。进入中国整形美容协会，在"重要通知"栏我们可以看到《中整协关于开展2021年医疗美容机构评价工作的通知》。查看通知，我们可以了解到，评审工作历时较长且严格，最终评审结果是按得分由高到低分为5A、4A、3A、2A、A共5个等级，医疗美容专科院最高等级为5A，门诊部最高等级为4A，诊所最高等级为3A，无异议后会进行公示。也就是说，我们可以选择的医美机构有三种，第一种美容医疗医院，第二种门诊部，第三种诊所。如果我们选择的医美机构是美容医院，就要看其是否具备5A级资质，门诊部的医美机构最高为4A级资质，诊所最高为3A。

结果会在公式栏进行公示。点击公示栏，我们找到的最新公示是：2019年医疗美容机构评价结果公示。在这里，我们可以看到各省份医美机构评级的一个公示。我们可以从中选择一个距离较近的医疗机构。

当然选定医疗机构后，我们还要进一步验证该机构的可信程度。你可以通过天眼查进行查询，了解一下该机构的一些风险，要重点查看其是否有重大医疗事故等。

但是，如果所选的医美机构不是公示名单中的怎么办？当然你还可以通过搜索解决，因为医美机构要正规营业必须经过卫生组织部门的审批，通过后才可营业。所以，我们可以通过国家卫生健康委员会查询。当然如果在卫生健康委网站上无法查询到，就证明该机构非合法机构。

第三步，选择合适的医美项目。关于医美项目，你可以参考别人的经验，进行判断。这类问题我们可以在经验类网站或者App中进行搜索，比如百度贴吧、小红书、知乎等。

百度贴吧搜索的结果，大多涉及广告，不能给予很好的建议。

利用site指令搜索知乎的情况，我们可以看看其中的建议。有三种方法，分别是微针、刷酸、皮秒，你可以根据自己情况进行分析选择，同时也要咨询医生，进行检查配合，选出适合自己的医美项目。

第四步，选择合适的医师。在开始了解医美项目时，我们了解到医师必须具备医师资格证书、医师执业证书等，所以你依然可以通过国家卫生健康委员会查询主治医师是否具备相应的资格。如果无法查询到该医师的执业信息，就证明该医师没有资质，可以果断放弃。

第五步，选好机构、项目、医师后，然后就是对比价格。医美市面价格参差不齐，你可以去公立三甲医院美容科或者皮肤科进行咨询，按照公立三甲医院的价格可以对相关项目的费用做基本判断。

以上是我们在选择做医美时需要进行的五个步骤，除了在网站中搜索相关问题，我们还可通过手机App扩大搜索范围。我们可以在应用商店中搜索关键词"医美"，选择下载量最多的医美App进行下载。

打开App，我们可以看到有各类医美项目及价格、各个客户的日志以及各地的医美机构，这类垂直类的App大大方便了我们搜索的压力。我们在选择医美机构和医师时，可以按照上面讲的五个步骤进行筛选。

前文介绍了好几个垂直搜索工具，尽管实用，但并不稳定，有一些可能今天能用，明天就不能用了。除了刚才我们提到的可以通过搜攻略的方法，下面我再介绍一个方法，即用相似网站搜索。这是一类专门找与指定网站类似的网址的垂直搜索工具。

先在浏览器中安装一个插件——similar sites。如果有一天我们平时使用的网站打不开了，就可以通过这个插件找到很多类似的网站。

这一部分主要介绍了以下内容。

我们可以根据搜索工具的使用场景和功能方式将搜索分为三大类：搜索引擎、导航网站、垂直搜索工具。在实际生活中如果遇到直接需要找答案的问题，我们可以直接在App端或者电脑端输入关键字寻找直接想要的答案，解决遇到的问题。

我们在实际生活中遇到未知或不了解的问题时，需要遵循搜索原则：为什么？是什么？怎么做？首先分析自己的需求，为什么要解决这个问题？其次要搞清楚这个问题的定义是什么、发展历史是怎样的。最后根据已知信息，制定搜索策略，匹配搜索工具，来解决这类未知问题。

第二部分

生活篇
从衣食住行中省出一大笔钱

第三章

购物渠道：找准渠道，买到质优价美的产品

生活在互联网时代的我们，每天可以接触到各种各样的信息，但并不是所有的信息都对我们有用。每个人的时间和精力都有限，那么，快速从这些庞杂的信息中，精准搜索到我们需要的信息，就成为我们必备的竞争力之一。

很多人听到"搜索"这个词，可能第一反应就是去网上找一些资料。相信通过上文的学习，你已经改变了对"搜索"的刻板印象。我接下来将详细介绍如何通过搜索，花最少的钱买到喜欢又适合自己的衣服、电子产品等商品。

明确搜索逻辑

掌握搜索这项技能的核心之一，就是要明确我们的搜索逻辑。也就是说，当我们遇到一个问题时，用"搜索"解决这个问题的模式化流程可以运用到所有的搜索问题上。

那具体的搜索逻辑是什么呢？即 3W 法则——What（什么）、Where（哪里）、How（怎么做）。

What 是指我们首先要明确自己要解决的问题是什么，即我们有什么搜索需求、要搜索什么。例如有些同学近期要面试一份新工作，想要给自

己买件新衣服，但是不知道买什么样的。那梳理后他就知道自己要搜的是"面试穿搭"。

Where 是指我们要知道自己到哪里搜索。很多人第一反应就是打开百度搜索，那么"百度"就是搜索逻辑里的"Where"。针对不同的问题，有很多网站比百度好用。比如上文的例子，我们知道了自己需要搜索有关"面试穿搭"的相关信息，那比起百度、搜狗这种综合性搜索引擎，去"小红书""哔哩哔哩"这种经验网站更合适。

How 是指我们要知道自己怎么去搜索。比如，很多时候我们用百度搜索信息时，会发现页面上有很多广告，这时候如果你掌握了一些搜索技巧，就会知道怎么去除这些广告。

以上就是我们遇到问题时应该具备的搜索思维。接下来，我们就用这套搜索逻辑去解决一个主要问题：怎样利用"搜索技能"用最少的钱买到心仪的衣服。

一、省钱搜衣

首先，根据上文提到的搜索逻辑，我们第一步要解决的就是"What"，即明确自己的需求，知道自己要搜什么。

如何用最少的钱买到自己心仪的衣服？这就是我们的需求，但是我们不能这样去搜索。因为这个问题太宽泛，如果你平时搜索时细心留意过，就会发现在搜索一些比较宽泛的问题时，最终并没有搜到想要的解决方案。

这时候，我们的解决方法就是把宽泛问题进行拆分和具体化。"如何用最少的钱买到自己心仪的衣服"无非包含两个方面：用最少的钱；买到心仪的衣服。

用最少的钱,就意味着我们可以从衣服的价格入手,利用搜索技巧,以全网最低价格买到。买到心仪的衣服,就意味着我们买给自己或家人的衣服要适合这件衣服的主人或者适合某一类场景,这就涉及了穿搭问题。

到这里,我们的"What"已经解决了,接下来就是"Where"和"How"的问题,即到哪里去搜索以及怎么搜索到相关的信息。

二、如何用全网最低价购买东西?

接下来我介绍几个搜索技巧,这里既包含了搜索逻辑中的"Where",也包含了"How"。

1. 利用比价工具

要想用最低价格购买东西,你先要知道在几大电商平台里哪一家的价格最低。这时候,我们就需要用到可以比较同一款商品全网价格的工具,例如慢慢买、购物党、惠惠助手等。这类比价工具都有浏览器插件版本,这样既不会占据电脑的内存,也方便我们使用。

这里我就以慢慢买和360极速浏览器为案例,介绍如何利用这类工具。

第一步,点击360极速浏览器顶部右端的"扩展中心"图标(图3-1)。

图3-1 比价工具安装步骤示例1

第二步,搜索下载"慢慢买",点击安装。安装完成后,图标会出现在浏览器页面的右上角(图3-2)。

精准搜索术

图 3-2　比价工具安装步骤示例 2

第三步，点击图标，输入自己想搜索的比价的商品名称（图 3-3）。

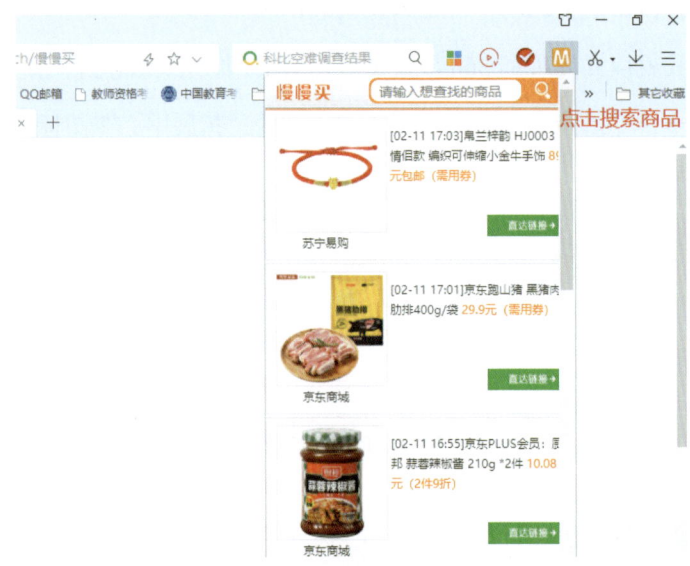

图 3-3　比价工具安装步骤示例 3

· 034 ·

接下来，我随便输入一个商品名称，来看看这个工具的妙用。比如，我在这个搜索框里输入"阿迪达斯女鞋"，点击搜索后，就会直接跳到"慢慢买"的官网，显示出所有电商平台里这个商品的价格。界面右边有平台名称显示，比如天猫、京东、拼多多（图3-4）。

图3-4　比价工具使用步骤示例1

除了对比各大平台的商品价格，还有一个小技巧，那就是查询商品的历史价格。

那么，查询历史价格有什么用呢？经常网购的人会发现，很多商品会不定时有促销活动，这其中难免会有虚假促销。也就是说，有些商家会先涨价，再以打折促销的名义设置另一个价格，让消费者以为自己捡了个大便宜，殊不知其实掉进了商家的虚假促销的陷阱里。所以如果查询了这个商品的历史价格，如果发现它之前的价格是180元，而最近却变成了300元，然后店家又以8折促销，那我们就会发现，这是一次虚假促销。很明显，300元打完8折后，实付价格为240元，而之前的价格是180元，上涨了60元。这样一来，我们就通过自己的搜索技能避免了上当，省下了一笔"智商税"。

那么，怎么查询到商品的历史价格呢？其实，刚刚的"慢慢买"比价工具同时也可以实现历史价格查询功能。搜索进入各大商品的比价界面后，你会看到每个价格后有一个折线箭头图标。点击这个图标，你就可以看到该商品的历史价格。页面上会直接显示历史最低价是多少，比如阿迪达斯的女鞋，现价178元，历史最低价是148元（图3-5），对比之后你会发现历史最低价所对应的时间在10月和第二年2月之间，基本上可以推测出该最低价大概是因为"双十一"或者"双十二"这种大促销出现的。

图3-5　查询历史价格示例

但是，现在很多人更常使用的是手机，那么浏览器插件就不太方便了。其实这个功能也可以在手机上实现。"慢慢买比价网"在手机微信里有相应的小程序，我们可以在微信里搜索关注，然后在小程序里随时随地搜索想要购买的商品。比如，还是搜索上文在网页里搜索的"阿迪达斯女鞋"，出来的结果和网页版一样，点击一个商品就可以看到其历史价格（图3-6）。

|第二部分| |生活篇|从衣食住行中省出一大笔钱

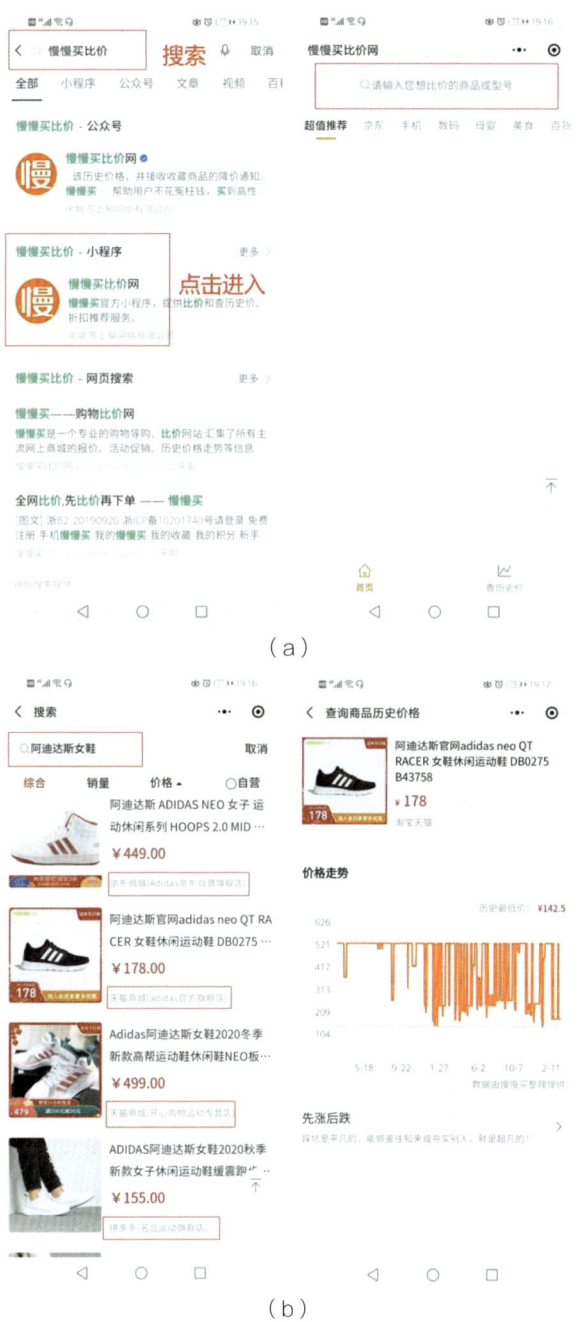

图 3-6　比价工具手机版使用示例

那么，如果我们无法在最低价时购买到自己想要的衣服或者其他商品该怎么办呢？如果你不是很着急买某件衣服或者其他商品，就可以利用手机微信里的"慢慢买比价"小程序，随时关注你想购买的商品，这样就可以在最低价时购入。不过"慢慢买比价"的查询有个弊端，它只能查询某类商品的名称，比如某品牌的羽绒服、某型号的手机等。如果想要查询在某个电商平台上看中的一款特定商品，那"慢慢买比价"就无法实现。它只能搜索商品名称，你得自己慢慢去找。这样不仅耗时，还可能最终根本无法找到想要的。

所以我再分享一个微信小程序"历史价格查询"。我们只需把电商平台里自己看中的商品链接复制粘贴在搜索框里即可。具体操作方法为，打开手机微信，搜索"历史价格查询"，进入相应的小程序，然后将你在电商平台上看中的商品链接，复制粘贴在搜索框里，搜索查询即可。

以淘宝为例，我在淘宝上看中了一款波司登羽绒服，我可以点击页面右上角的分享图标，然后点击弹出页面下方的复制链接，去"历史价格查询"小程序里粘贴就可以了。看到历史价格后，如果我们发现目前的价格就是最低价格，而且自己也很中意，那就可以入手了。这个页面上除了可以看到优惠价格，还能够看到这个商品的历史优惠活动，我们可以通过它了解到这个商品做活动的大致规律。如果没赶上最低价，那你大概也能推测出在后续的一些活动日会不会打折。

以上就是关于省钱买衣服的搜索技巧。当然这个搜索技巧也适用于购买其他商品，比如用"历史价格查询"小程序搜索"冰箱"，点击第一条链接进去，你就会看到这款冰箱现在的价格与历史最低价相差多少。

接下来，介绍第二个搜索技巧：优惠券和返利。

2. 优惠券和返利

随着电商行业的蓬勃发展，很多店家为了提高销量，会发一些优惠券，

| 第二部分 | 生活篇 | 从衣食住行中省出一大笔钱

或者完成一单之后发一些返利金给顾客,甚至购买商品我们既可以领到大额优惠券,还能拿到返利金。这样一来,可能原本需要花费三四百元的东西,最后实际花费的只有一两百元。这样的App有很多,比如返利网、一淘(阿里巴巴旗下的)、省钱日报等。

这里以"返利App"为例简单介绍这些软件的具体使用方法。

你可以去应用商店里下载"返利App"。打开软件后,你就可以看到首页上方有许多平台,比如淘宝、苏宁,甚至还有外卖平台的返利。你可以直接在这个平台里搜索自己想买的衣服名称或者其他商品的名称,然后就可以看到各个电商平台里相关商品的优惠券和返利情况。

比如在搜索框里输入"平板电脑",所有相关商品信息都显示了出来,然后我们可以在页面最上方进行平台切换,目前上面有五个平台:淘宝、苏宁、京东、拼多多、唯品会(图3-7)。

图3-7 "返利App"使用示例

精准搜索术

当然，如果我们在这几个平台上看中了某件家电、电子产品、衣服，就可以用上文介绍的复制商品链接的方法，将对应的商品链接复制粘贴到"返利 App"的搜索框里。如果没有搜到，那就说明没有返利和优惠券。

除了"返利 App"，"一淘 App"也会发优惠券和返利。如果你经常使用淘宝进行购物，那我特别推荐这个软件。操作很简单，你只需在淘宝里将你喜欢的衣服或者其他商品加入购物车就好。然后进入"一淘 App"的购物车界面，点击进入相应的商品界面，你就会看到详细的优惠券和返利情况了（图 3-8）。

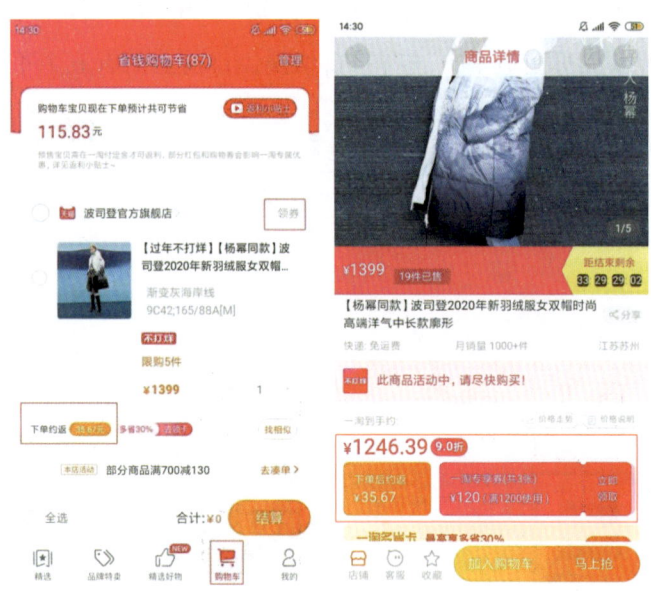

图 3-8 "一淘 App"使用示例

3. 促销打折，适量囤货

每年淘宝、京东等电商平台都会有促销节日，比如淘宝的"双十一""双十二"以及京东的"6·18"等。我们可以在这类促销节日里进

· 040 ·

行适量的囤货。你可以提前关注各大平台的促销时间，将想要购买的商品加入购物车里。

之前有同事问我，这么多电商平台，我们在购物时应该怎么选择？接下来我就简单介绍一下自己的经验。

- 淘宝、天猫

像淘宝，它庞大的同时难免鱼龙混杂。如果你要买普通商品，对质量和品牌没有非常高的要求，那么淘宝、天猫就能满足你。最省钱的时候就是每年的"双十一"。所以在"双十一"之前，你可以提前逛逛这两个平台，把看中的商品加入购物车，提前关注店铺的优惠券和定金活动，一般能省下不少钱。

- 京东

如果是购买家用电器或者手机、电脑等电子产品，那么建议你到京东购买。因为京东的商品基本都是正品，而且售后服务做得比较好。京东活动折扣比较大的时候是"6·18"，一般都会有满99减50、满199减100、满几件享受几折等折扣力度比较大的活动。"双十一"也和淘宝一样有促销活动，这个时期你也可以关注一下。

- 唯品会

唯品会一直主打的是大牌三折这种品牌折扣的宣传，所以购买衣服、鞋子可以去这个平台逛逛。唯品会的促销日期不定，因为主打的是大牌折扣，所以如果你要是平时买衣服有急用，比如用于面试等，就可以到这个平台看看。

- 考拉海购

很多人热衷于购买国外产品，比如韩国的彩妆商品、日本的文具用品等。如果你想购买国外产品，就可以去考拉海购看看。

- 拼多多

拼多多这个平台是后期发展起来的，主打"拼着买更便宜"。所以，相对于淘宝的"双十一"、京东的"6·18"，它没有什么大的促销活动。这个平台的退货也需要自行邮寄，虽然平台有补助，但一般自己都要贴 1~3 元。

以上就是常用的几大平台的简单介绍。你可以根据需求自行选择。

不过最后要补充的一点是，你在促销日购买时，一定要适量囤货，不要为了一时的便宜，掉入商家的营销陷阱。

这里分享两个理智购物的小技巧：第一，列购物清单。你可以提前做个购物清单，提醒自己不要在当天因为一些折扣，买一些不必要的东西。第二，规定预算。提前给自己的"双十一"定个预算额，告诉自己无论如何，花费都不能超过这个数额。

三、如何买到适合自己的衣服？

俗话说得好："人靠衣装马靠鞍。"不管你的外貌体型如何，合适的衣服总能给你和他人眼前一亮的感觉。每当这个时候，即便衣服有些贵，你也会觉得很值。相反，如果你买了一件几十块钱的衣服回来，结果发现根本不适合自己，但是退货又嫌麻烦，那这样一来，这件衣服看似便宜，却花了冤枉钱。所以省钱买衣服的终极方法不是在价格上下多大的功夫，而是在穿搭上花点心思，让每一分钱花得都值得。

那究竟有哪些搜索技巧可以让我们找到合适自己的穿搭呢？下面我从 4 个方面来分享一下。

1. 适合自己体型的穿搭

有的人高瘦，有的人微胖，有的人是倒三角身材，有的人是苹果身材。不同体型适合的穿搭风格不一样，所以我们可以通过搜索一些关于穿搭知识的经验分享去学习，你可以去小红书、知乎、哔哩哔哩等平台。小红书自不必说，很多达人会在这里分享穿搭经验，你可以找到跟自己类似情况的。

有一个特定网站搜索的指令——"site：网址后缀"就可以运用到这里。比如你可以直接在百度搜索框里输入"体型穿搭 site:zhihu.com"，这样搜索结果显示的都是知乎网站里关于体型穿搭的经验分享。这个搜索结果针对性更强，而且可以避免广告干扰。搜索之后，你可以挑选几篇文章学习。

哔哩哔哩里主要是各大 UP 主[①]上传的视频经验帖，所以喜欢观看视频学习的人可以用同样的方法搜索，挑选几个视频学习就好。

要想买到合适的衣服，除了衣服要适合自己的体型，我们还需要了解特定的场景穿搭，比如面试时应该怎么穿、约会时应该怎么穿、参加一些重要活动时应该怎么穿等。

2. 不同场景的穿搭

我们同样可以用之前的搜索指令来搜索，不过在这之前需要先了解自己的搜索需求，也就是确定自己的搜索关键词。这里的搜索关键词是什么？首先肯定有"穿搭"两个字，其次再加上自己需要的场景关键词，比如"约会穿搭""面试穿搭"等。搜索完之后，我们浏览几篇文章学习就好。所以以后你要是有什么场景穿搭的需求，就可以用这个搜索技巧解决问题了。

3. 不同季节的穿搭

除了经典的场景穿搭，我们还需要了解不同季节的穿搭，比如一年四季、不同时期，由于衣服厚薄和材质不同，搭配起来也不同。这时，我们的搜索关键词应该是什么呢？关键词是"不同的季节 + 穿搭"，例如"冬季

[①] 网络用语，指在视频网站、论坛、站点上传视频、音频文件的人。——编者注

穿搭",再加上搜索指令,就变成"冬季穿搭 site:zhihu.com"。甚至,我们还可以将场景关键词加上,进行更加精细的搜索,例如"冬季约会穿搭"。

4. 关注时尚潮流

有些人对穿搭时尚类的潮流很感兴趣,那么平常就可以多关注时尚博主,提升自己的品位,然后再形成属于自己的穿搭风格,比如关注时尚类的微信公众号、微博里的时尚博主、小红书的时尚博主等。你也可以看看时尚杂志,这些都可以帮助我们了解搭配技巧和潮流等。

可以提供穿搭参考的时尚杂志有:喜欢日系风格的,可以看看《昕薇》[1](ViVi),这本杂志介绍了目前的时尚流行元素以及流行单品的企划等;喜欢少女英伦风的,可以看看FUDGE[2],这本杂志的搭配灵感来自伦敦和巴黎街头的少女,杂志里的搭配都非常简约、干净、利落;喜欢文艺复古风的,可以翻翻SOUP[3],这本杂志目前已经不再出版纸质版,只有电子版,价格是原来的一半;想了解上班休闲穿搭的,可以看看MORE[4],这本杂志里的衣着搭配风格偏成熟;喜欢欧美风格的,可以看看《造型》[5](InStyle),这本杂志结合了欧美明星娱乐和时尚资讯,在美国的发行量稳居第一,杂志里也有很多小众品牌和快时尚品牌的搭配推荐。

---

① 日本讲谈社于1983年5月创办。——编者注
② 日本经典畅销的时尚女性杂志。——编者注
③ 日本个性少女装时尚杂志。——编者注
④ 日本年轻女性杂志。——编者注
⑤ 美国发行的一本女性时尚杂志。——编者注

第四章

健康饮食：做饭或点外卖都能省钱又健康

有一段时间，"精致生活"这个词非常流行，它体现的是当代人的一种生活态度，既包含了我们对事物的品位，还包含了我们养成的生活习惯。制作和享用美食可以说是精致生活的一种体现。那如何用最低的价格吃到精致的美食呢？

外面买美食

我想先从生活中最常见的三个场景分享搜索技巧。

一、点外卖

当今世界，各种科技蓬勃发展，给我们的生活带来了巨大的便利，让我感受最深的是外卖行业的兴起。外卖给城市中拼搏的年轻人省下了许多时间和精力，但同时也给我们增加了经济负担。那么，如何通过搜索为自己省下一笔外卖费呢？有两个方法。

1. 搜索外卖平台的优惠券

现在有一些公众号和微博账号都会发放外卖优惠券，下面介绍美团外卖和饿了么这两个外卖平台的微信小程序，里面每天都有抢券活动。特别是美团外卖的小程序里，你可以去抢 5 元的无门槛优惠券，非常划算。

具体的方法是，在微信搜索框里搜索"外卖优惠券"，你就可以看到这两个小程序，分别点进去，就可以看到相应的优惠券活动。你可以点击页面右上角的菜单按钮，把这两个小程序添加到自己的微信小程序里，这样就方便你每天抢券了。

除此之外，还有一个非常好用的优惠券网站——券妈妈。我们先用百度搜索"券妈妈"，进入官方网站，这时你会发现这个网站里不只有外卖平台的优惠券，还有各种其他电商平台的优惠券。因为用户较多，券妈妈也推出了自己的App——"券妈妈"，你可以到手机应用商城里搜索下载。

2. 购买会员

为了吸引顾客和留住顾客，外卖平台都有自己的会员制度。新用户购买会员非常便宜，有时甚至花费 0.99 元就可以买一个月的会员。平台也会给老用户发放购买会员的优惠券，金额不定。如果你经常点外卖，那买会员便比较划算。

二、聚餐

人是一种社会性动物，所以不可避免要与人交际，而最常见的交际手段就是聚餐。比如，多年不见的好友聚餐，节假日、家人生日以及纪念日的亲人聚餐，同事聚餐，等等。那如何通过搜索让聚餐既省钱又能吃到精致的美食呢？下面介绍一个最常用的搜索方法——利用口碑、美团等App。

我们可以利用口碑、美团等App搜索自己想去的地方，然后浏览找寻自己喜欢的美食店铺。一般这类App上还可以领相应的优惠券。如果不想在自己的手机里装太多软件，我们还可以直接在支付宝或微信里的小程序里使用这些程序。

我们直接在口碑App的搜索框里搜索自己想去的店铺或者商圈，就能看到相关信息。顺便提一下，有些店铺有专门针对大学生的活动，比如海底捞火锅，有的时段大学生买单可以使用 6.9 折的折扣。至于美团微信小程序，我们直接去微信搜索框搜索添加就好了。

我们可以在这两个软件里直接搜索店名或者是地名。如果朋友推荐你去某个餐厅，比如肯德基，你就可以直接搜索肯德基，然后挑一家离你最近的店；如果你和朋友打算今天去逛街，但没有确定去哪里吃饭，那逛完街就可以直接搜索你所在的地方，比如"武汉江汉步行街"，页面上就会出现附近的美食信息。浏览店铺时，一定要记得看看有没有可以用的优惠券，比如很多店家会推出单人套餐、双人套餐之类的优惠活动。

三、旅游

爱好美食的人，去旅游的一大目的就是吃当地的特色美食，但是很多人都不得其法，每次把计划在旅游时花的钱花了，地道美食却没吃到。"省钱"的含义并不仅局限于"少花钱"，更重要的是"钱要花得值"。对于美食来说，"钱花得值"体现在能够吃到自己喜欢的或者特色的美食。

互联网让很多旅游景点的美食店成了网红店，是游客们必备的打卡景点之一，但这些店里的美食真的地道吗？这就需要我们擦亮自己的眼睛了。因为有的网红店可能只是炒作，并不是当地的特色美食。所以，接下来我就介绍如何利用搜索技巧在旅游时吃到省钱又地道的当地美食。

1. 搜经验帖

很多爱好旅游的会把自己的旅游经验写出来分享给大家，所以我们可以搜索看看去过这个地方的人介绍了哪些美食店。我们可以使用搜索指令"site"，即在搜索框中输入"地名 + 美食 / 小吃 site:zhihu.com"，比如你想去成都，就可以搜索"成都美食 site:zhihu.com"。

2. 找当地人聊天

我们还可以找当地居民聊天，很多人都非常乐意告诉我们。比如你住在民宿，便可以找民宿老板聊聊；打车时可以找司机聊。对于当地人来说，他们对自己家乡的特色美食肯定更了解。向他们打听，你一定能吃到地道的当地美食。

3. 寻找当地的美食街

我们搜索经验帖或者是和当地人聊天时，可以打听当地有没有美食街或者美食城等地方。比如武汉有户部巷、厦门有曾厝垵等。我们也可以在百度、搜狗等综合搜索引擎里搜索关键词"城市名+美食街"，例如"成都美食街"，然后浏览页面上的有用内容，例如网友的回答、相关的短视频等。

4. 利用旅游类网站或 App

现在科技发达，各种旅游 App 层出不穷。我们可以直接在这类 App 上浏览经验帖，看看网友推荐的美食，比如携程旅行 App、途牛 App 等。当然你也可以直接去对应的旅游网站搜索，下面以"去哪儿旅行网"举例。

点击首页顶端的"攻略"菜单，然后在搜索框里搜索关键词"地名+美食"，例如"成都美食"，就会出现许多很详细的美食攻略。

5. 利用口碑、美团等 App

前面几种搜索方法主要集中在怎么找到当地的特色美食，那么该怎么省钱呢？这时我们可以结合前文介绍的方法，比如美团 App。

最后再补充一个小技巧，你去外地旅游时，不妨到当地大学附近逛一逛。一般大学附近的美食也是不错的，毕竟大学生是一个不可小觑的消费群体。

四、其他优惠渠道

除了以上这三种常见的生活场景会涉及美食消费，生活中还有一些比较零碎的美食消费场景，比如咖啡店、奶茶店、小吃快餐店以及便利店消费等。针对这些零碎的消费场景，我们可以省钱的搜索方法一般有以下几种。

1. 口碑、美团等美食 App

这一点前文也提到过，喜欢喝奶茶、吃小吃的人一定要关注这两个 App 上相应的优惠。有时候一杯原价 15 元的奶茶，使用这两个 App 上买单可能一杯不到 10 元，非常划算，而且还可以购买很多店铺的优惠券。

2. 微信公众号、官方 App

很多店铺都有自己的微信公众号和官方 App，比如肯德基就有自己的微信公众号和官方 App，上面有许多优惠。如果你觉得下载 App 会占用手机内存，那关注公众号就是一个很好的选择。肯德基的公众号上还有"限时优惠"的菜单栏，点进去后就可以看到最近有什么优惠，而且每家店铺都会推出相应的会员制度，也有相应的优惠。比如肯德基推出的"星期二会员日"以及肯德基会员卡包里每个月会发放优惠券。

除此之外，一些便利店也有自己的微信小程序，可以领店铺的优惠券，比如美宜佳、罗森等。具体的搜索方法就是：进入微信后，直接在搜索框里输入你想去的便利店名称，比如"美宜佳"，进入小程序你就可以看到有什么优惠了。如果你常去这家便利店，为了方便，那就把它添加到你的小程序里。

3. 消费券

2021 年政府和商家为了带动消费，推出了消费券活动，发放平台有支付宝、微信、美团，而且消费券可以分开使用。以支付宝和微信为例，在相应软件首页的搜索框里搜索"消费券"，进入"消费券"小程序，你就可以看到各大店铺的消费券了。

4. 淘宝

还有一个万能的方法，那就是使用淘宝。不管你需要什么，都可以上淘宝搜索，比如酒店优惠券、星巴克的优惠券、付费网站会员账号。不过你也要多浏览网友评论，并和店家多沟通，注意保护自己的信息，仔细甄别。

家里做美食

不过，总是在外面吃饭，还是不太健康。所以在我看来，省钱吃美食的终极大法是"在家里做自己喜欢的美食"。比起在外面吃饭，在家里做饭当然更加经济，而且也更加健康。这样一来，我们不仅省下了外出吃饭的钱，甚至有可能省下一笔不少的治病费用。除此之外，如果你能做出好吃的食物，说不定做饭这件事还能给你带来成就感。那怎么才能用最少的钱在家里做出好吃的美食呢？

在家做饭，蔬菜、肉类这些原材料比较花钱的，所以省钱的第一步是怎么买到优惠的原材料。前文提到过，省钱的表层含义是"少花钱"，深层含义是"钱要花得值"。所以，买到材料后怎么做出好吃的美食也是很重要的。

接下来，我就从买菜和做菜两个方面介绍怎么通过搜索技巧解决这个问题。

一、省钱买菜

如何买到省钱又新鲜的菜呢？你需要知道下面几个搜索技巧。

1. 菜市场和大型超市

有很多同学关心是菜市场的菜便宜还是超市的菜便宜，很多网友甚至还做过调查。例如菜市场的西红柿便宜，可是包菜的价格，超市又比菜市场便宜得多。所以，哪里的菜更便宜没有绝对的答案，你还是要具体了解一下自己家附近菜市场和超市的情况，再去做选择。

不过，有的人可能不太逛菜市场，也不知道家附近有没有菜市场，那就可以打开地图软件，搜索"菜市场"，这样就可以看到附近的菜市场在哪里了。

具体怎么买菜更省钱？你可以这样做：抽时间逛逛菜市场和超市，记录一下你常买的菜的价格，考虑菜的质量和价格，再选择在哪里购买。

菜市场的菜一段时间内价格的波动较小，是根据市场价格定价的。一般菜只是超市的商品之一，超市可以通过其他品类商品的销售来平衡整个超市的盈利。所以超市的菜会不定时有折扣，比如包菜，超市的价格是每 500 克 1.38 元，菜市场的价格是每 500 克 3.5 元，很明显相差很多。如果你逛超市比较多，应该就会发现打折的价格标签会用黄牌表示，所以趁着超市菜品打折时购买，还是挺划算的。一般早市的时候菜市场的菜非常新鲜，所以爱吃新鲜蔬菜的人可以在假期早上去菜市场逛逛。

2. 电商平台买菜

最近一些电商平台推出了买菜自提服务，比如拼多多的"多多买菜"、美团的"美团优选"等。这些平台上的菜的折扣力度较大，比如 0.99 元可以买到 4 个鸡蛋、4 元多可以买到 1500 多克土豆等。一般当天下单，第二天到家附近的自提点去提货就可以了。购买的时候你可以选择最方便的提货地方，比如小区附近的提货点。

拿"多多买菜"举例，打开拼多多，点击首页中的"多多买菜"你就可以进入买菜的页面，然后浏览商品，将想要的菜或者其他商品添加到购物车，最后点击支付跳转到结算支付的页面，最上面有填写的收货人和自提点信息，这些在付款之前都是可以修改和更换的。

其他平台的买菜操作都一样，这里就不一一赘述了。需要补充的一点是，这些平台其实都有自己的微信小程序，你即使没有下载相关软件，也可以直接在微信里搜索相应的名字。待显示相应的小程序后，你就可以直接在小程序里下单买菜了。

二、做出精致美食

短视频时代的到来让各种家常美食、饭店美食都走进了我们的视野，比如在最近两年很火的抖音、哔哩哔哩这些短视频 App 上，各种做菜视频层出不穷。所以，不管你想做什么美食，只要知道怎么搜索，都可以通过互联网把菜谱找出来，而且还能看到真人示范教学。

那到哪里找这些菜谱和亲身示范视频呢？有三个搜索方法。

1. 综合搜索引擎

第一种方法非常简单，我们直接在百度、谷歌这样的综合搜索引擎里搜索，然后点击页面上出现的相关做菜视频即可。例如，你想做"糖醋里脊"这道菜，就可以直接搜索关键词"糖醋里脊做法"，然后浏览网页。网页会显示许多关于糖醋里脊做法的视频，你选择 1~2 种做法实验就好。

2. 烹饪类 App

智能手机的发展带来了各种软件的兴起，基本上每个领域中都会诞生相应的 App，比如阅读软件、各种考试软件、清单软件，当然也有各种烹饪软件，例如下厨房 App、豆果美食 App、香哈菜谱 App 等。这类软件的用法也比较简单，你先到手机应用商店下载并安装相应软件，注册完成后就可以使用了。如果你有想要做的菜，直接到这些软件首页的搜索框里搜索菜名就好。

下面我以下厨房App为例。如果我想知道糖醋里脊的做法，就可以直接打开下厨房App，在搜索框里搜索"糖醋里脊"，页面上就会出现各种糖醋里脊的教程。仔细看你会发现，每个教程下都写着评分和实践过这个菜谱的人数，你可以根据这些数据挑选几个菜谱浏览。这些教程里既有图文版的，也有视频版的，教程都很详细，你可以根据自己的喜好挑选。

当然，这些App里除了可以搜索各种家常菜，比如糖醋里脊、可乐鸡翅等，还可以搜索各种甜点、主食的做法，比如戚风蛋糕、皮蛋瘦肉粥等，还有害怕长胖的人和正在减肥的人想要的减肥食谱。

3. 抖音类的短视频App

除了上述两种搜索方法，我比较推荐的是抖音、哔哩哔哩这类短视频。这些App你用好了，它们就是宝藏。在这些App里，非常多优秀的厨师以及美食爱好者，会把他们的做菜视频发在网上。搜索方法和前文说的一样，你可以直接在搜索框里输入想做的菜名。和前文介绍的不一样的是，这里面都是短视频，由真人示范教学，对于厨房小白来说更容易理解和上手。

如果你觉得某个视频的菜谱很对你的胃口，比如简单易学、视频博主讲解得很详细等，那你就可以看看他发布的其他做菜视频。同样你也可以去这些视频软件里搜索任何你想做的美食，甚至是你今天在街头吃的小吃。只要你知道美食的相关信息，就都可以搜索试试。

这一部分主要解决的核心问题是"如何通过搜索来达到用最少的钱吃到精致地道的美食？"我们从以下两个问题入手。

第一，怎么用最少的钱吃到外面的精致美食？我将以三个常见的生活场景为例分享搜索技巧，并会在最后针对一些零碎的购买美食场景分享其他优惠渠道。

● 点外卖：可以通过优惠券平台（比如券妈妈）领外卖优惠券或者购买外卖平台会员。

● 聚餐：可以在口碑、美团等美食App上搜索想去的店铺名，或者直接查看附近的美食店铺排行。

● 旅游：可以在综合网站或者旅游网站用搜索技巧搜索美食经验帖，或者到旅游当地询问当地人比如民宿老板、出租车司机等；买单的时候可以看看口碑、美团等App上有没有优惠。

● 其他优惠渠道：口碑等美食App、店铺微信公众号、小程序、支付宝、微信里的"消费券"、淘宝网。

● 关注各大平台的促销活动，适量囤货。

第二，怎么用最少的钱在家里做出精致的美食？我将从买菜和做菜两个方面分享搜索方法。

● 买菜如何省钱。首先，可以对比菜市场和超市，有选择性地购买；其次利用"社区买菜"，在App或者微信小程序里买菜，次日可提。

● 如何做出精致美食。可以直接到搜索引擎或烹饪App，抖音、哔哩哔哩等短视频软件里搜索，搜索关键词是你想吃的美食的名字。

第五章

安家落户：租房、买房、房产投资更实惠

说到住房问题，你肯定不陌生，我们大多数人都要经历租房、买房，也许你们当中有些人已经经历或者正在经历。那你是否遇到了很多问题呢？

接下来我就通过租房和买房两部分向你分享如何通过搜索实现住房上的省钱。

租房

租房上的省钱不仅仅体现在租房价格的优惠上，最重要的是价格要花得值。所以，接下来我将通过搜索技巧分享怎么租到既省钱又舒适的房子。

一、做好规划

凡事预则立，不预则废。所以租房之前做好规划很重要，你可以从两个方面规划。

（一）资金预算

最重要的是要预估自己可以承担的房租范围是多少元，这样在找房子的时候就更有目的性了。假设你一个月的工资是1万元，计划租2000元左右的房子，那在网上搜索房源的时候就可以直接选择2000元左右的。

（二）合租和整租

1. 合租

房价的飞升带动了大城市里房租的上涨。很多人可能负担不起一个人单住的房租费用，于是合租的模式便流行起来。合租房主要指把一套房子的几个卧室分别出租，将客厅、厨房、卫生间、阳台等地作为公共区域，让租客们共用的房子。合租在降低了经济负担的同时，也降低了住房的舒适性，而且也存在一定的安全隐患。所以，接下来我将分享怎么通过搜索提高合租情况下的住房舒适度和安全系数。

（1）搜索合租的注意事项

很多人会把自己合租时走过的"坑"发布到网上，你可以通过搜索找到这些经验帖，了解自己应该注意哪些问题：第一，可以直接到搜索引擎里搜索关键词"合租注意事项"；第二，可以利用我们前面学过的 site 搜索指令到知乎、哔哩哔哩等经验网站搜索他人的经验，例如搜索"合租注意事项 site:zhihu.com"。你可以选择性地浏览这些网页，挑重点记录下来。

（2）询问房东、中介合租人信息

如果你已经看好房子，切记要询问房东合租人的相关信息，例如性别、年龄、职业等。了解这些信息可以初步判断对方是否适合做你的合租室友。比如有的人希望只和同性室友合租，有的人不太喜欢作息很乱的职业等。

（3）提前找合租室友

你不妨在租房前询问同事或者周围的好友，看看他们是否有租房的需求，特别是女性，与认识的人同居则安全系数更高。

2. 整租

随着人们对生活的要求越来越高，经济条件尚可的人都愿意选择单独居住，因此单身公寓的需求也越来越多，很多长租公寓公司也应运而生，例如蛋壳、自如等。但是需求的扩大也引来了"豺狼"。最近两年，一些公寓老板利用租客与房东的信息不对等从中牟利，长租公寓开始频频"爆雷"，许多租客也因此遭受了巨大损失。

如果你想了解具体的信息或新闻，可以直接去百度等搜索引擎搜索关键词"长租公寓爆雷"。

那么，有风险是不是就完全否定长租公寓了呢？很多租客表示，有的长租公寓带给他们的生活体验感和舒适度是非常好的。那怎么样才能不本末倒置，租到自己喜欢的公寓，又能规避这些风险呢？我们同样可以用搜索来解决。

（1）行政部门的官方网站

我们确定好要租的公寓时，可以到行政部门的官方网站上查看这家公寓的相关信息，例如公司的营业执照、相关资质、投诉纠纷等情况。你可以登录政府的官方网站查询，比如"国家企业信用信息公示系统"。我们可以百度搜索这个名字，然后点击进入官网。接下来，你就可以在这个平台上搜索企业名称，查看它的详细信息。例如我们试着搜索"蛋壳公寓"，结果如图5-1所示。我们可以看到"某某蛋壳公寓"页面上显示的是"注销企业"。如果你是该地域人，并有租蛋壳公寓上房源的打算，就可能需要警惕了。

另外，如图5-2所示，你可以看到有一些筛选条件供我们选择。比如公司的登记机关、成立年限等。我觉得最好用的筛选条件是信息分类里的"经营异常名录"，这个页面里的公司名称后有"该企业被列入经营异常名录"的标注。

精准搜索术

图 5-1 "蛋壳公寓"搜索示例

图 5-2 国家企业信用信息公示系统使用示例

（2）天眼查

使用方法跟上文网络类似，我们先在百度搜索"天眼查"，进入官网后搜索你想查询的企业信息。

查询企业相关信息可以规避自己的租房风险，接下来我再分享几个规避风险的小技巧。

（三）规避租房风险小技巧

1. 尽量短租，避免长租

在租房时尽量交 3 个月左右的房租，这样即使出问题也不会有太大损失。了解长租公寓爆雷的人想必听过"租金贷"，这就是长租公寓层层套路后我们不得不提的。

"租金贷"模式指长租公寓与租客签下租约的同时，也和金融机构合作，让租客签订贷款合约，金融机构替租客支付全年房租，租客再向金融机构按月偿还租房贷款。这也意味着，长租公寓拿到全年租金后，只需每月交付给房东房租。他们会利用剩余的房租继续扩张。

通过租金贷，长租公寓提前拿到了扩张的资金，但一旦企业无法赢利，没有持续的现金流，就会出现资金链断裂的情况。企业无法按时给房东交租，但是金融机构已经替租客交满了一年的钱；房东为了减少损失，会要求租客搬出房屋；租客即使搬走了，也还背有金融机构的贷款。这就是"租金贷"骗局。

不过即使不贷款，有些长租公寓也会要求租客缴满一年以上的房租，有经济条件的租客会提前把金额缴满。这同租金贷一样，企业虽然收了一年的钱，但也会按月交给房东，余下的钱他们就会拿去扩张公司规模。如果公司经营不善跑路后，租客和房东一样又面临着巨大损失。

所以，最简单的办法就是短租，这样可以确保自己的损失最小化。

2. 租金适中，不贪便宜

如果一家长租公寓的价格远远低于周边其他房屋，要么这家机构有圈钱跑路的嫌疑，要么是为了快速扩张，采取低价的方式与其他机构争夺市场份额。这也意味着，如果竞争失败，机构将面临破产和倒闭的风险。所以不要贪图一时便宜，尽量选择租金适中的房源。

二、网上看房

做好前期准备后就可以在网上看看有没有适合自己的房源，相关的 App 很多，比如链家、安居客等。接下来我就以安居客 App 为例，介绍怎么通过租房软件找到合适的房源。

1. 搜索上班地点

一个简单的方法就是直接搜索你上班地点，这样软件会自动显示出附近的房源。我特别建议你试试这个软件里的两个非常好用的找房功能：地图找房和通勤找房。

点击右上角的"地图找房"，你就可以看到所在市的所有区域里有多少套待租房。点击每个区域圆圈，你又可以看到相应行政区里的房子。

点击右上角的"通勤找房"，直接输入上班地址，再选择通勤方式和想预留的通勤时间，你就可以找到自己想租的地点范围内的房子了。

2. 周围的基础设施

我们在浏览房源时，可以看看房子附近的基础设施，比如公交站、地铁站、超市等。

我们可以点击房源的页面详情里的地图查看，还可以放大地图比例，这样能看得更加清晰。

通过以上步骤确定好 2~3 套房源，你就可以直接联系房东。聊天的时候，注意问清楚对方是房东还是中介，最好直接从房东那租房，这样可以省下一笔中介费。

三、实地看房

为了节约时间，在实地看房之前你可以利用 App 里的"VR 看房功能"，再筛掉几套，然后联系房东实地看房。实地看房当天最好先在附近转一转，实地勘察一下周围的设施情况。

四、签订租房合同

房子和周围情况都看得差不多后，就可以签订租房合同了。不过签订合同时一定要了解一些注意事项，第一次租房的人一不小心就会被合同"坑"了。

同之前的合租注意事项的搜索方法一样，我们可以在综合搜索引擎里搜索关键词"签订租房合同注意事项"或者用 site 搜索指令。不过这一步准备工作，其实应该在实地看房前就做好。

买房

如今买房已经成了人生必修课之一。会买房的人，要么会赚得一笔不少的利润，要么可以住上属于自己的舒适的房子。所以，接下来我将介绍如何通过搜索买到心仪的房子。

一、确立目标

同租房一样，买房之前也要做好规划，即确立目标。目标包括两项内容。

第一，明确自己的买房目的。通常我们买房有三个目的，自己住、给父母住或者是投资赚钱。所以买之前要确定自己的目的。因为目的不同，我们在筛选房源上的条件也不一样。

第二，明确自己的资金预算。比起租房，买房需要的储备资金更多，大部分人需要贷款购买，所以要根据自己的资产、家里的收入情况做好资产分析，至少要厘清以下两点。

- 可以拿出的最高首付是多少？
- 每个月能承受的最大贷款额度是多少？

分析了自己的资产，才能知道自己适合买什么价位的房子。目标清晰以后，就进入买房最关键的一步：筛选房源。

二、筛选房源

很多人买房的时候不知道到哪里买比较合适，例如买房投资的人，担心买到手的房子没有升值潜力；想买房自住的人，怕买到了假的学区房。那怎么解决这些问题呢？

首先，了解购房城市的行政区划分。买房前一定要对购房城市的行政区域划分有大致的了解。互联网时代的到来带领了经济的飞速发展。很多年前的中心城区现在成了老城区，一些曾经的荒山野地如今摇身一变成了年轻人争相前往的新兴城区。所以买房前了解城市的区域划分是很有必要的。

具体的搜索方法就是，在搜索引擎里搜索关键词"城市名+行政区域划分"，例如"深圳市行政区域划分"。

其次，了解政府相关政策。我们还要知道各区域政府的发展计划、出台的政策以及区域的财政报告等，从这些报告和政策中我们可以了解到该区域房子未来的增值潜力。举个例子，政府突然出台一项区域规划政策，打算五年内对深圳市的 A 区加大经济投入，进行扩建，那你就大概能判断出 A 区域的房价未来肯定会升值。

怎么才能知道政府的相关报告和政策呢？下面介绍一个搜索指令"inurl:gov"。

inurl 是常用的高级搜索指令之一，它是网址中包含的意思，而包含了 gov 的网址一般都是政府官方网址，所以指令"inurl:gov"就是指在政府官方网址下搜索你想要的东西。所以如果我们想要搜索深圳市罗湖区的区域规划，利用这条搜索指令，在搜索引擎里输入的关键词就是"罗湖区区域规划 inurl:gov"。

如果想要知道罗湖区 2020 年的财政状况该怎么搜索呢？你可以用"inurl:gov"指令，搜索"罗湖区 2020 财政报告 inurl:gov"。

最后，生活需求。以上两项主要针对的是买房投资的人，对于买房自住的人，更重要的是生活需求，比如孩子上学的便利性、我们上班的便利性等。也就是说，房子周围的基础设施很重要，这一点在接下来的看房部分会详细介绍。

三、网上看房

确定好自己在哪个区域买房，就可以着重看这个区域的房子了。具体搜索方法和前文中介绍的租房差不多。下面我用另一个软件——链家 App 介绍搜索房源、网上看房的方法。

下载软件之后，可以看到该 App 首页上有几个颜色不同的菜单键。你可以根据自己的需求点击查看。下面介绍"地图找房"的用法。

点击"地图找房"后，根据自己确定好的购房区域进行选择。比如选择南山区，页面就会出现南山区下属的一些更细致的区域划分，你可以根据自己收集的资料或者生活需求等选择房源。比如，点击"科技园"，你会看到这个区域里的一些待售房源小区，再点击一个具体的小区查看房源详情。你还可以点击地图下的"周边"菜单，查看这个小区附近的基础设施，该 App 对这些基础设施还做好了分类，比如交通、教育、生活、休闲等。点击其中一个分类"生活"，页面上方的地图里立马就会显示出生鲜超市的坐标，也就是我们选购生活必需品的地方。点击图中的"360全景"，你就可以看到小区周围的全景视图，就像亲临现场一般。这点非常方便。

接下来，点击一套具体的房源，页面上就会有这套房子的详情记录，比如户型、容积率等。除了这些基础信息，你还可以通过"VR 看房"身临其境去看这套房子的房间布局、装修等情况。如果你很满意这套房子，想更详细地了解一下，就可以点击页面上的"VR 带看"，会有专门的工作人员在线带你观看，并且解说给你听。

通过上述搜索技巧筛选好房源后，你可以先确定 2~3 套你满意的房源，然后就可以进行筛选房源的下一步——实地看房。

四、实地看房

实地看房主要是对你之前看中的房源进行二次考察，你可以从以下几个方面去二次筛选。

● 房屋装修上有没有你接受不了的瑕疵；房屋的采光、朝向以及整体环境上的观感如何，比如有没有接受不了的噪声等。

● 周围的环境，比如小区的环境、生活购物的便利性、交通情况等如何。

如果前两项都没什么问题，你就可以着重跟房屋中介聊天，了解一些关于房屋购买的问题，例如购房折扣、是否可以公积金组合贷款、支持哪些银行贷款等。

完成这些之后，并不代表你可以立马付定金购买了。你还需要再补查资料，这可以跟你看剩余的房子同步进行。

五、补查资料

我们看完房子之后可以通过几个方面去补查资料。

1. 了解相关的房贷政策

为了更加清楚你看中的房源的相关房贷政策，我们不能仅听中介的一面之词，最保险的方法就是到官网查询政府出台的相关政策，这样你就能在筛选或者跟中介谈判时都会有所准备。我们可以用前文提到的"inurl:gov"指令搜索官网公布的房贷政策。

2. 了解学区规划

有学区房需求的人可以到教育官网上查询是否有学区规划，避免买到假的学区房。不管是投资还是自住，了解自己看中的房源是不是学区房都很重要，因为自住的话可以便于孩子上学，投资的话学区房也可以为升值增添一份保障。所以接下来介绍的学区搜索小技巧，建议你都实践一下。

如果我们想搜索学区的相关问题，就可以在搜索引擎里输入"区域名 + 学区 inurl:edu"。举个例子，我想看深圳市南山区的学区划分情况，那搜索内容就是"南山区学区 inurl:edu"。点击搜索之后，网页上就会出现我们想要的内容，非常方便简洁，而且不会有广告的干扰。

经过上述搜索和实地考察，想必你也已经确定好自己要买哪套房子了。但是在这最后的关键时刻，你还需做最后的一次资料搜集，即了解购房注意事项。

六、决定购房

即便我们决定了要买哪套房子，还是有很多准备工作要做，比如是否要提前交购房认购金、签购房合同有什么要注意的事项等。怎么了解购房的具体流程和签合同的注意事项呢？你可以用之前讲过的"site"搜索指令来搜索相关经验，也就是直接搜索"购房注意事项 site:zhihu.com"。

当然，除了知乎这种汇集各种经验的网站，你还可以到专门的买房网站搜索相关信息，例如房天下、搜房等。下面以房天下为例，你可以用"site"指令搜索"购房注意事项 site:fang.com"。

本章内容通过搜索解决了核心问题"如何通过搜索租到或者买到心仪的房子？"。我从租房和买房两个方面分享了搜索方法。

第一，租房。这一部分主要介绍了怎么利用"site"指令搜索租房的注意事项，怎么通过搜索规避长租爆雷，怎么通过看房软件找到自己想租的房子。

第二，买房。这一部分告诉了你要做好规划，还介绍了怎么提前搜集资料、怎么网上看房和实地看房等。你一定要学会运用"inurl:gov"和"inurl:edu"指令搜索想要的信息以及通过看房软件搜索筛选自己想要的房源。

第六章

休闲娱乐：看电影、旅游，轻松省出豪华游

相较于过去的马车、双腿，如今的交通工具各式各样。便利的交通工具虽然给我们提供了不少方便，但也为我们的生活增加了一笔开支。如果你是旅游达人，或者你的工作需要经常出差，我想你的体会应该尤为深刻。出行有远有近，我就以日常小范围出行和远距离的出差、旅游为两大基础场景，介绍如何利用搜索技能在出行以及娱乐上省下一笔费用。

日常小范围出行

日常出行，比如上下班通勤、节假日的游玩、聚餐等，像这些出行，我们一般采用的交通方式有公交、地铁、自驾、共享单车、出租车、网约车。接下来我就分别从这几种交通方式入手，分享如何利用搜索在出行上省钱。

一、公交车

支付宝里基本已经引进了全国各个城市的电子公交卡，而且在很多城市使用电子公交卡都有折扣，例如在武汉，如果用电子公交卡就可以打9折，而且武汉还推出了90分钟内换乘免费的活动。那怎么领取本地的电子公交卡呢？有两个搜索方法。

第一，在支付宝里直接搜索"地名+公交卡"，例如"武汉公交卡"。

第二，在支付宝里搜索"电子乘车卡"，进入小程序后点击右下角的"乘车卡搜索"，然后在搜索框里输入你想要搜索的城市名，页面就会出现相应的电子公交卡了。

除了上述提到的政府出台的交通优惠政策，支付宝平台里也会有一些优惠活动。如果是学生或者老年人，一般就会有更低甚至是免费的乘车资格，这就需要你了解自己所在城市出台的政策以及怎么去办理了。如果你是新手，想帮自己的孩子或者爸妈办理，可以自行在搜索引擎里搜索"城市+学生卡/老年卡办理"查询办理流程。

二、地铁

在大城市里生活的人最难忘的大概就是地铁上的早晚高峰了，尤其是在北上广深。只要你站在地铁门口，哪怕你不动，也会有人把你挤上车。虽然地铁很拥挤，但大多数人还是会选择乘坐地铁，因为它准时、快速、平稳，最重要的就是不堵车。作为受欢迎的交通工具，地铁有什么省钱的乘车方法吗？

如果你购买了当地的公交卡，那么不管是乘公交还是地铁都可以使用，也都有相应的折扣优惠。和公交一样，现在地铁也可以直接刷码进站，但不同城市的刷码方式不一样，所以你要根据自己所在地的情况搜索使用。总的来说，中国大部分的城市都在支付宝和微信上开通了地铁乘车码。

第一种搜索方法和之前搜索公交卡的方式一样，这里就不再赘述了。不过前文介绍的搜索方式有些城市可能搜不出来，所以下面我再提供第二种搜索方法。在支付宝里搜索"码上通乘车卡"，进入小程序，点击页面上的"乘车卡管理",进入乘车卡页面后,再点击右上角的"交通卡管理",最后点击下方的"添加卡片",你就可以搜索你所在城市的名字了。这个小程序里的乘车卡很齐全,而且还有一个功能,就是可以显示出你这张卡是乘地铁可以用还是乘公交也可以用,而且还会告诉你这张卡在哪些城市可以用。不管是乘公交还是地铁,你都可以去小程序出行页面的"优惠出行",领取相应的出行红包。

以上主要是以支付宝为例介绍的。如果有人还是更习惯用微信,那方法也很简单:点击进入微信的支付页面,然后进入出行服务,点击页面顶部的"地点名称"进行切换,然后点击地图下方的地铁或者公交进入乘车码页面即可。

三、共享单车

共享单车的兴起受到了新一代年轻人的喜爱,上班地点离家不太远的人会选择骑共享单车通勤,这样可以不用跟别人一起挤地铁,既环保又方便。那我们怎么在这种出行方式上省钱呢?其实官方也给我们提供了多种选择,比如周卡、月卡、年卡的办理。

如果共享单车是你日常通勤的方式,那么办理月卡还是比较划算的。就拿哈啰出行为例,月卡原价是25元,连续包月是16.8元,算下来每天0.6元不到,但是乘坐一次公交车或地铁至少1元到2元。哈啰出行还有一些奖励活动,所以总体来说还是比较划算的。

我们还可以在支付宝里搜索"哈啰出行",进入页面后就能看到页面里有福利中心。点击页面里的"单车",你就可以进入扫码页面。再次点击"购骑行卡",你就可以根据自己需求购买相应套餐了。

如果你不经常骑共享单车,还有一种方式很适合你,就是参与哈啰出行和芝麻 GO 联合推出的活动——领取骑行任务。哈啰出行会发放 7 张骑行券到你的账户，如果一周骑行满两次，那么这周内你就可以使用这 7 张券免费骑行 7 次。如果没有骑行到两次，那么你骑行使用过的券将自动从你的花呗中扣除相应的金额。我们可以直接在上文介绍的"购骑行卡"页面中点击"芝麻 GO"。

我们也可以进入哈啰出行小程序的福利中心，时常关注优惠活动，也可以逛逛优惠商城，里面会有一些出行优惠券的抢购活动。商城里不仅有单车的活动，还有火车、顺风车等方面的活动。

四、网约车

除了上述三种交通方式，我们比较常用的还有网约车。例如大家熟知的"滴滴出行""曹操出行""高德打车"等。网约车相比出租车而言更加方便，有时也更省钱。当然我们必须关注网约车的安全问题。随着科技的进步和国家的支持，相较于以前，现在网约车的安全性还是提高了不少。不过即使如此，我们也一定不能忽视安全问题。尤其是单独出门坐网约车的女孩，一定要有安全意识，出行前要给家人或者朋友发定位等。

那如何在网约车省下一笔钱呢？接下来我将以"滴滴出行"为例分享几个搜索技巧。

1. 芝麻 GO 卡

你可以到支付宝里搜索"滴滴出行芝麻 GO 卡"，这和之前的哈啰出行的活动类似。一周内使用 3 次滴滴出行，你就可以使用 2 元无门槛券；如果没有满 3 次，那已经使用的优惠金额就会从你的花呗中被扣除。

2. 关注官方账号

进入支付宝搜索"滴滴出行",点击左上角头像进入个人页面,再点击右下角的优惠商城,你就可以领取各种优惠券了。

3. 微信小程序

此外,我们还可以关注微信小程序——"微信支付商家消费券"。进入这个小程序后,点击"旅游出行",你就可以看到有许多火车、飞机、酒店等优惠券。你可以按需领取。

五、自驾

很多人现在或者将来总会有一辆车,怎样通过搜索技能在自驾这种交通方式上省下一笔钱呢?有以下几个搜索技巧。

1. 油费

油费可以说是自驾中最烧钱的一项,所以我先介绍在油费上省钱的搜索方法。

第一种是参与支付宝里的"爱攒油"活动。你可以在支付宝里搜索"爱攒油",进入小程序点击"规则",了解攒油的方式。你积攒的油量可以在"兑换中心"里兑换油费的优惠券。这里还可以兑换滴滴出行的打车券等其他券。

第二种是关注"微信支付有优惠"小程序。你可以通过微信支付次数兑换金币,然后再利用金币兑换 24 元的加油优惠券。

2. 保养费

驾龄较长的司机可以上网搜索汽车的保养方法,即使不亲自去做,多了解一点信息也是有好处的,至少不会被一些保养维修店"坑"。具体的搜索方法是:利用"site"指令,搜索"汽车维修保养省钱方法 site:zhihu.

com"。

如果你是新手司机，那么买车险去4S店定期维修保养比较好。

3. 停车费

如果我们多花点心思，就可以享受到免费停车。比如，有的商场会推出看电影换停车券或者用购物券换停车券的活动。根据城市的不同，具体的方法不同，我们可以直接去百度搜索关键词"城市名+免费停车攻略"。

不过需要注意的是，我们要看近期的活动。城市发展很快，信息更新得也很快。你可以在搜索关键词后加上当下的年份，这样就可以保证自己搜索出来的信息都是近期的。

有关日常出行的部分就介绍完了。我们日常出行除了上班，最多的就是休闲娱乐了，下面再补充介绍几点休闲娱乐省钱的小窍门：

（1）用好"支付宝口碑""美团""大众点评"等App

比如朋友聚会唱歌，我们就可以去这些App上搜索"KTV"，看看有哪些优惠。一般都会有打折活动，如果我们唱歌的时间是白天或者准备包夜，那么价格会更便宜。另外，很多人喜欢看电影，我们可以去这些App上看看有什么活动。App上基本每天都有抢券活动，而且上面可以看到全城电影院的价格。有时候可能离你近的电影院会比离你远的电影院稍微贵一些，这时候你可以综合考虑，要不要选择较远的电影院。

（2）用好公众号

有很多企业都有官方公众号，里面会发放优惠。

这里介绍一个微信小程序——"有票票"，我一直在用这个小程序购票，它的价格相对来说低一点。

远距离出行

接下来我将主要针对远距离的出行，比如旅游或者出差来探讨省钱方法。那怎样利用搜索技能在这种长途出行上省钱呢？你一定可以想到，在长途出行中，最花钱的就是飞机票和住宿费了，所以下面我主要从这两个方面分享怎么通过搜索省钱。

一、飞机票

买飞机票的省钱方法主要有以下几种。

1. 用里程兑换

航空公司为了留住旅客推出了"常旅客计划"，你只要加入会员，就可以通过乘坐该航空公司的航班而获得飞行里程。当里程达到一定标准时，会员可用所得飞行里程换取免费机票、享受免费升舱等优惠。

但是，我们不可能保证每次坐的都是同一家航空公司的飞机，那么怎么将不同航空公司的飞机里程合并到一起呢？全球有三大航空联盟：星空联盟、天合联盟、寰宇一家。

联盟就是航空公司之间的一个合作协议，可以互相兑换里程、会员共享权益。除了三大航空联盟，很多航空公司还有双边合作。例如南方航空公司属于天合联盟，四川航空公司不属于三大联盟，但南方航空公司和四川航空公司依旧可以互相兑换积分里程。所以，我建议大家办理三张航空会员卡：中国国际航空公司、南方航空公司和海南航空公司。中国国际航空公司属于星空联盟，南方航空公司属于天合联盟，海南航空公司虽然不属于任何一家联盟，但是旗下的所有航空里程都可以累积到海南航空公司的会员卡上，例如西部航空公司、首都航空公司、香港快运航空等。这三张卡基本可覆盖国内的所有航空公司了。

同样，你也可以根据自己所住城市的出发地航空来办理会员卡，这样兑换机票的实用性更强。关于详细的兑换规则以及覆盖的航空公司、航线情况你可以到这三家航空官网上查询。

你可能会产生这样的疑惑：航空里程只能通过坐飞机来累积吗？不一定，其实还有几种方式。

第一，利用信用卡兑换。有些银行会联合航空公司推出联名信用卡，使用这种信用卡消费，消费金额会自动折抵为里程。不同信用卡的兑换规则不同，你要到所持信用卡的官网搜索查询。这里提一个小建议，办理航空信用卡或可以永久积分的信用卡，一定要避免忘记兑换或者积分清零的尴尬情况。第二，利用酒店积分兑换。有的酒店会和航空公司合作，支持用酒店积分兑换里程，例如希尔顿、万豪、洲际等。第三，利用赠送里程。有的商家会推出赠送里程的活动。你可以在携程、艺龙等商旅网上订机票或者酒店，这些网站时常会赠里程。

2. 航空会员日打折

各大航空公司一般都会有会员折扣活动，你需要弄清各大航空公司的促销规律，做好准备，抢购低价机票。以下是笔者写这本书时国内几家大型航空公司的促销情况。

南方航空公司：每月28日0点，有600多条国内航线的促销活动。

西部航空公司：每周三上午10点，有40多条国内航线的促销活动。居住在郑州、重庆、合肥的人一定要关注。

祥鹏航空公司：每周四15点，有接近100条航线的促销活动。有计划去云南旅游的人可以关注一下。

四川航空公司：每年只有4次促销，日期为3月19日、6月19日、9月

19日、12月19日。要从重庆或者成都出发的人不要错过。

春秋航空公司：每月27日为会员日，是国内性价比最高的廉价航空公司。

以上就是各大航空公司的促销时间。除了在这些促销时间订购机票外，你也可以关注这两个时间点：每周二或周三。航空公司通常周二会进行航班盘点，看看是否客满；如果没有，他们通常就会降价售完剩余座位。每年的1~3月初和11~12月初。这两个时间段机票比较便宜，不过要除去春节的那几天。

3. 商旅网订票

我们也可以到携程、飞猪等商旅网购买机票，不过当然需要我们进行比价。如果价格低或者是同等价格但是附加了其他的优惠，那你就可以选择在这些商旅网上购买。

我们也可以先在商旅网上查询机票，因为这些网站上会有符合条件的各大公司的航班，这样你可以对比价格。

我再推荐一个好用的公众号"E旅行网"，上面有许多折扣信息，包括酒店折扣等。经常出差或者喜欢旅行的读者可以关注一下。

另外，如果你有固定乘坐的航空公司，也可以关注一下这几个航空公司的官方微信公众号。一般航空公司会把最新的折扣活动公布在公众号上，除此之外还会提供一些不错的服务，比如四川航空公司的服务里有特惠预约、办理升舱等。

二、酒店

如何通过搜索住上低价但质量好的酒店呢？以下是几个小方法。

1. 通过酒店官网搜索

很多酒店和航空公司一样，会不定期推出一些活动。很多酒店的会员优惠、积分优惠，大多数情况下你要在官网预定才能享受。如果你经常入住的是像万豪、希尔顿、洲际等全球连锁酒店，那就推荐你注册官方会员。通过官方预定，你可以累积积分并享受会员服务。

下面以希尔顿为例。根据老会员的估算，希尔顿的积分估值差不多为 550 元 / 万分。再以万豪为例，其第一季度的促销活动是，从第二次入住开始，每次入住均可获得额外的 2000 分，奖励不设上限，因此每次入住你大概可以回本 110 元。不同的酒店有不同的会员服务和积分兑换制度，你可以多关注一下它们的公众号。

2. 商旅网

很多人还没有多少积蓄，经济能力无法负担自己住国际连锁酒店，那就可以通过一些网站去对比城际酒店、宾馆，然后选择适合的入住，例如如家、七天连锁、城市快捷等。

下面介绍去哪儿网的使用方法。有人对比过几家网站，比如携程、美团、飞猪等，去哪儿网的酒店价格基本是最低的。如果你不放心，预定的时候这几家也可以都搜索看看，货比三家总是最好的。

不过，如果你要订购的是前文提到的国际酒店，那最好选用官方网站。第一个原因我在之前解释过，就是可以累积会员积分；第二个原因是，这些酒店官网都有非常不错的最低价格保障（BRG）机制。如果你在预定后的 24 小时内发现别的网站的价格更低，便可联系官网，官网就会给你匹配最低价格并给予一定的奖励。

另外，你还可以参与支付宝和微信里的消费券活动，领取旅行住宿的消费券，还可以用信用卡积分兑换酒店住宿。

火车属于国有，价格并没有什么大的优惠。不过，通过 12306 网站，持铁路会员卡可兑换火车票，兑换比例为 100 积分可兑换 1 元现金券或 10 公里里程券。具体兑换方式，你可登录 12306 网站查询。你也可以关注第三方平台，有些平台为了留住顾客，会自己补贴。

第七章

学习提升：找到适合的书籍、课程、资料

在学习过程中，你总会遇到一些和搜索相关的问题。比如，经常有学员问我："我想学习某个领域的新知识，该如何入手去搜索相关的学习资料？""我看了一些书，但是感觉好像并没有什么用。""网上那么多课程，我该如何选择、购买？经常听了课之后才发现不是自己想要的。"

我介绍的这种学习方法，能够帮助你快速掌握一个领域的知识——主题式学习。

什么是主题式学习？主题式学习就是围绕某个主题快速找到这个领域的相关书籍、课程，然后以其中的一项搭建你的初始知识体系，再结合其他的材料不断完善这个知识体系。

这里的关键在于，我们需要通过全网搜索找到这个领域所有相关的资料。具体该怎么做呢？

我们需要了解可以学习的资料形式有哪些。

- 书籍：看书是最直接的学习方式。所有书都是作者的经验总结和知识体系的呈现，是一套系统学习的材料。

- 课程：课程主要通过音频、视频的方式呈现知识点，比书籍更加生动，但是有时候查找起来不是很方便。

- 文档：包括其他人的学习笔记、相关的拓展知识、碎片化的文章、视频等，所有辅助掌握知识点的材料都涵盖在内。

● 测试题：当我们学习之后，如果有测试题，就能很好地帮助我们判断自己掌握的程度如何。测试题主要适用于考试相关的学习。

● 老师：上述的都是物质学习资料，其实向人学习也是很重要的一方面。如果有老师指导、协助，就能够帮我们解答在学习过程中遇到的问题。

接下来我将重点介绍前面两类——书籍和课程，教大家搜索和选择它们。

如何找到优质的书单并获取这些书籍？

一说到学习，很多人可能会立马去网上搜索各种资料，然后发现别人推荐的很多书自己都没看过，就会觉得这本书看起来不错、那本书看起来也不错，等到后面挑书、看书的时候，就不知道该如何选择了，又或者看了别人推荐的书单之后感觉和自己的需求不匹配。

想要高效的学习，就一定要在学习之前明确自己的学习目标。看书也一样，如果没有在挑书之前就确定好自己的需求，就很容易造成投入了时间却没有获得应有的收获的后果。

在选书前，我们可以通过以下问题来帮自己厘清看书、学习的需求。

● 我想要学习哪方面的知识？

● 因为不了解这方面的知识，我现在面临什么样的问题？我希望通过学习解决自己的什么问题？

● 我看完书、学习完之后，要输出什么来确保自己学有所获？

这三个问题，第一个问题解决的是"学什么？"，第二个问题解决的是"为什么学？"，第三个问题解决的是"学了如何应用？"。

举个例子，我想学习写作方面的内容，那么这三个问题的答案可能是这样的：

- 我想要学习写作方面的知识。哪方面的写作知识呢？具体可以是新闻写作、公文写作、新媒体写作、文案写作等。

- 我希望通过学习公文写作，提高自己的公文写作水平；我希望能一次过稿，将写一篇公文的时间由原来的 2 小时缩短到 1 小时。我目前在公文写作中存在的困难、经常被吐槽的点包括格式不正确、用词不准确。

- 我看完书、学习完之后，需要列一张关于公文写作的要点清单，以便在以后写作的过程中时刻提醒自己、检查是否有不规范的地方。

如果我们在学习、看书之前能想清楚这三个问题，再去有针对性地学习，就能够大大提高我们的学习效率。明确自己的需求之后，我们可以从以下 4 个渠道入手了解获取书单的方式。

第一，问行家。行家并不特指某个人。它可以是包括知乎、豆瓣、哔哩哔哩、公众号、大咖、权威平台等推荐的书籍。比如你想了解一些"认知升级"方面的书籍，就可以用这个关键词在知乎、豆瓣等平台搜索，就会发现有很多相关的书籍。豆瓣上还有相关书籍的推荐。当你选择了一本书之后，豆瓣会出现一个板块——"喜欢这本书的人也喜欢"的其他书籍，你可以将其作为参考。

下面具体介绍大咖和权威平台的书籍推荐。大咖指优秀的企业家、行业的领军人物、学院的教授等，他们推荐的书籍都不错。如果你崇拜股神沃伦·巴菲特（Warren E. Buffett），就可以搜索"巴菲特推荐的书单"。此外，在"得到 App"上有很多学院派的教授都开设了通识类课程，比如经济学的薛兆丰、哲学的刘擎教授等，我们如果对各个领域不熟悉，便可以通过他们入门。他们除了自己的书以外也会推荐很多这个领域的经典书籍。

还有一类书不能忽视，那就是这个领域开山鼻祖的书籍。你要想了解计算机可以看"计算机科学之父"艾伦·麦席森·图灵（Alan Mathison

Turing)、"博弈论之父"约翰·冯·诺依曼（John von Neumann）的书；想了解哲学可以看柏拉图、亚里士多德的书；想学习思维导图可以看托尼·博赞（Tony Buzan）的书。虽然他们的书籍会有些难懂，但是我们可以接触到第一手信息。

权威平台的推荐也值得我们参考和借鉴，比如推荐书的公众号、有名网站的读书频道，得到、樊登读书、十点读书会等读书平台。在有些平台上，主理人会用音频的方式拆解书籍，我们可以发现自己需要的书。

第二，在实体书的购书平台上搜索，包括淘宝、京东、当当、亚马逊等。我们只需输入关键词就可以搜到这个领域的大部分书籍。这些平台上还会列出销售榜单，我们可以看到经典书籍和热门书籍。

第三，看书籍中的参考文献。很多人看完书的正文部分就直接放在一边了，往往会忽略参考文献。作者在写书的时候参考了哪些书籍对我们来说是非常好的获取书单的渠道。任何人写书都不可能是完全从无到的有的，他们一定会参考其他人的智慧结晶，然后结合自己的体会和实践去创作。他们参考的内容一定是和这个领域相关的。别人通过输入整理出属于自己知识体系的方法，一定能给我们启发。

第四，在电子书App上搜索。现在很多电子书App上都有不少的书，我们可以直接在上面搜索相关的书籍。比如我们可以在微信读书上搜索"逻辑"，选择"书单"就可以看到关于逻辑的书籍。

可能有人会问，我搜集这么多书以后，该如何选择呢？下面总结了几点挑书时需要注意的事项。

● 明确自己的看书需求。你可以按照上文列举的三个问题来梳理自己的看书目标。只有明确了自己的目标，在选书的时候你才能够选择更合适的书，比如你喜欢看方法多的书，那就可以大致翻看书，看看书里面的内容是否充实。

● 看作者背景。我在挑书前会先了解作者的背景，包括其人生经历、学术背景、之前的作品（文章或者课程等），以及在相关的公开平台（比如微博、公众号等）分享的观点等，这些有助于我们判断作者的水平。

● 看前言。一本书的前言是作者总结自己的观点、分享写作缘由的部分，我们可以通过前言先了解这本书的框架逻辑以及特点。

● 看大纲。主要看书的目录，看看目录中的内容自己是否感兴趣。你可以先看自己感兴趣的部分，如果这个部分的内容确实能满足自己的需求，那就再从头到尾地去阅读这本书；如果这个部分的内容不符合自己的需求，我们也能获取自己想要的信息，没有浪费投入的时间和精力。

● 看书评。我们可以在购书平台、豆瓣等平台上了解书的书评，或者直接在搜索引擎上搜索。通过书评我们能更快速地了解书的主要内容。如果时间不够，我们还可以通过拆书平台，从其他人的解读了解内容。不过我还是建议如果有时间那你还是自己去读比较好。这样，你的理解会更深刻，而且还能提升自己的阅读能力。

如何搜索并选择合适我们的课程？

课程包括线下的培训机构以及线上的在线学习平台。

一、搜索并筛选培训机构

查找培训机构的需求主要有以下几种：

● 需要现场学习技能，比如跳舞、画画、乐器等，老师可以及时给予反馈和指导。

- 准备考试，比如公务员考试、健康管理师证书等。当然，如果时间、精力充足，自学能力不错的话，你可以选择自学。报名培训机构对于大部分人来说会更加方便和省力。
- 给孩子报培训班，比如书法、语文、数学培训班等。

那么，如何筛选我们需要的培训机构呢？如果我们直接在搜索引擎上搜索，那排在前面的可能都是广告，我们无法快速对比获取更多的信息。我们的搜索思路是通过一次性搜索获取更多的培训机构信息，以便进行比较。有两种方法可以实现。

第一种方法，如果需要线下上课，最好是距离家比较近或者交通便利的地方，这样就可以减少在路上的时间。我们可以直接打开百度地图，在地图上搜索想要学习的内容，比如"舞蹈"。如果觉得范围太大，你可以添加关键词，限定在某个区域，如"舞蹈 南山"，这样就可以得到这个区域所有的舞蹈机构。我们点开其中一家，就可以看到这个培训室内部和周围的场景及其他人的评论。

我们选定了自己比较心仪的店之后，还可以通过搜索引擎去深入了解这家机构的相关情况，比如通过天眼查、企查查等网站查询机构的相关信息。最好能亲自去现场进行考察，或者试听几节课。

第二种方法，我们可以直接在搜索引擎上搜索培训机构的导航网站，比如我们在网上找到"众众培训"，就可以看到这个网站覆盖差不多40个城市，而且提供的培训类型也很多，有艺考培训、舞蹈培训、乐器培训等。我们可以先选择我们所在的城市，比如深圳，然后选择我们需要的课程，比如表演培训。这样你就可以知道有哪几家培训机构提供这个课程，然后再逐一了解。

这里我给你列举了我们在对培训机构进行选择时需要考虑的 7 个维度，

你可以根据自己的需求去逐一进行比较（见表7-1）。

表7-1 选择培训机构时需要考虑的七个维度

序号	维度	具体内容
1	创立时间	创立时间越长越好，这样说明客源稳定，经营情况良好。如果是新成立的机构，你就需要结合其他方面进行综合判断，比如师资力量
2	师资力量	要重点了解老师的过往背景，了解其是否有丰富的授课经验或者实践经验，以及他的授课风格你是否喜欢
3	地理位置	地理位置方便，有多家分店的培训机构可靠性更强
4	试听课程	联系客服申请试听课程，这样能更加准确地判断教学质量
5	学员口碑	通过网上或者现场与其他学员沟通，了解其他人对课程的感受，不过网上的信息不可全信，尽量现场沟通
6	课程价格	课程价格是否与自己的预算匹配
7	附加价值	不要因为对方各种优惠力度而忽略了对课程本身的考察，它只能作为加分项

总之，无论是找培训机构还是课程，我们都可以按照这个思路，尽量一次性地获取多个培训机构的信息，然后按照上面表格中的维度去逐一分析，这样可以高效快速地助你做出准确的判断。

二、找到在线课程

前文介绍了很多学习平台，你可以尝试用经验搜索的方式搜索。

下面拓展三个搜索在线课程的渠道。

第一，软件可以在软件官网上学习，其他课程可以在哔哩哔哩、网盘中搜索。我们平时经常会需要使用到新的软件和工具，要想快速掌握这些软件，最简单的方式就是去官网。无论是Photoshop、Matlab，还是Office家族，软件官网上面会提供很好的操作技术指导，还会有论坛讨论交流使用问题。能把官网上的核心功能学会了，你就能用这些软件应对绝大部分的工作场合了。

以我们最常用的 PPT、Word、Excel 等 Office 软件为例，微软的 Office 官网就提供了非常好的实用教程，其专业度和详细度不逊于任何一本教材。

● 你要学习怎么用好 Excel，在搜索引擎输入"微软官网"，就能找到带"中文官网"字样的网站。

● 打开官网的支持选项，你会看到 Office 所有产品的培训学习资料。PPT、Word、Excel 等 Office 的所有软件都有相关资料。

● 选中 Excel 的培训选项，你会看到 Excel 所有基础核心功能的使用教程，从基础入门到高阶一点的数据透视功能的用法指导都有。

除了软件学习，如果我们想要学习其他课程，那也可以去哔哩哔哩搜索其他人的经验。很多人会免费分享自己的系列课程。比如你想学习"手机摄影"，我们可以通过标题、时长、点击量等选择一整个系列课程进行学习。

除了哔哩哔哩，我们还可以通过网盘去搜索课程资源，比如小白盘、盘多多等。

第二，在搜索引擎上用"关键词 课程笔记"或"关键词 课程"进行搜索。想要深入了解培训机构或者课程你可以去网上看学员的笔记、学习心得。如果需要找一门课，我们在搜索引擎上搜索"关键词 课程笔记 / 课程 / 学习心得"等字眼，就能看到其他学员的笔记。通过这些笔记，我们能够快速了解这个领域的课程。

第三，在微博上用"关键词 链接 提取码"的方式进行搜索。微博也是一个资源的宝藏，我们可以在微博上用"关键词 链接 提取码"的方式直接找到网盘中关于某个领域课程的内容。比如我们用"公务员考试 链接 提取码"来搜索，就能找到相关的学习资料。当然这个搜索方法不仅适用于微博，公众号、搜索引擎等你也可以尝试。

我们找到了相关的课程和学习资料以后，应该如何选择合适的课程呢？

下面分享的五步法可以帮助你选择合适自己的课程。

第一步，明确自己的学习目标、想要达到的成果是什么。比如你想学习写作，可以多问自己几个为什么：为什么想要学习写作？为了通过写作赚钱还是想要提高写作水平？如果是想要提高写作水平，那你现在的水平是怎么样的？希望提高到什么程度？如何衡量？你可以结合自己的目标写出希望这个课程中能够涵盖哪些方面的内容，至少写三个。

第二步，看课程大纲，挑选出和自己的目标有强关联的内容，至少要在1/3以上。第一步是非常重要的，我们只有先梳理清楚自己的需求，才能够对外做判断，而不是被动吸收老师给我们的信息。很多人看课程大纲的时候感觉不错，等到真正买了课程、听了课之后，却感觉收获不大的原因，就是因为前面没有梳理清楚自己的需求。

第三步，看课程老师的水平，看其是否具备理论和实践经验、是否出版过相关的书籍。一门课程的质量和老师的水平有着密切的关系，一位好的讲师最好是在理论和实践两个方面都能有所成就。我们可以从老师的背景介绍上去判断。我们还可以去各个平台看看这位老师的分享、他的分享风格是否是你喜欢的。很多老师会把自己课程中的知识点拆解为文章或者短视频，我们也可以从一些碎片化的信息中了解这位老师的核心观点和知识体系。

第四步，看网上学员的评价，这里主要看别的学员在这个课程中学习到的知识点。我们可以通过其他学员的分享来了解课程的主要内容。面对课程文案中引用的一些学员的评价，你需要通过搜索的方式辨别真伪。

第五步，每一次购课前要想清楚自己如何把学费赚回来。这一步很重要，我们在决定购买一门课程之后，需要给自己设定一个学习目标——明确自己如何把课程的学费赚回来。当然方式可以是多样的，可以是提高自己的工作效率、省下加班的时间，也可以是通过分享文章赚取稿费等。经常有学员和我说，自己学习了我的课程之后通过了教师考试，成功上岸了，也有的学员和我分享自己利用搜索的方法来购买基金，赚取了不少费用，赚回了学费。如果我们能够在学习前明确自己的路径，就能够更有动力学习，学习效果也会更好。

三、案例分享

如果现在想要学习文案写作，我们应该如何通过搜索来找到学习资料，提高学习效率？

第一步，明确自己的学习目标。可能很多人会说，我想要通过文案开始自己的副业，其实这样的目标就不够具体，如何才算开始自己的副业？类似"我想通过撰写文案赚取500元的稿费"这样的目标就很具体。

第二步，以"文案变现/文案写作"为主题，搜索相关的书籍清单。

打开知乎，在上面搜索"文案写作"，你不仅能够搜到很多文案变现的经验，还能看到别人分享的相关书单。我们可以去豆瓣搜索"文案写作"的相关书籍。

此外，你还可以从"文案"的历史开始。我们知道文案最先起源于广告业，那我们就可以去搜索"广告专业必读书籍"，也可以获得一份完整的书单。

还有一种方式是，我们可以在当当、京东等平台去搜索一些最近热门的文案写作书籍。

我们现在有了4份书单，可以进行整合，挑选其中的3本进行阅读。刚开始做主题式学习的时候其实不用阅读太多，更重要的是实践。遇到问题再去查找资料，逐渐学习和解决问题。只读一本书可能涉及面不够广，无法形成体系，所以读 2~3 本书比较合适。等到后面自己达到了一定的能力，再通过更多的书籍进行提升。

第三步，搜索相关的课程。我们可以先从自己已知的学习平台入手，比如你在唯库看到文案训练营，感觉这个课程还不错，那你可以再看看这里的其他文案课程。

在哔哩哔哩搜索"文案写作"，我们能够发现不少的视频。入门的时候我们可以先挑选一些时长比较长的视频进行系统学习。我们还可以在微博或微信中搜索"文案写作 链接 提取码"，这样也能搜到不少资源。

第四步，判断这个课程是否适合自己，把与自己强相关的内容列出来。你要了解清楚这个训练营吸引自己的地方在哪里、自己想要通过这个训练营重点学习哪些技能、这个课程是否能够给自己提供一些变现的平台和相关的资源。选择一个自己最倾向的课程报名学习。当然，一边学习一边实践效果才能更好。

第八章

人生琐事：求医问药①等琐事也能省心省力

求医问药，若是求得好、问得好，可以及时归还我们一个健康的身体、及时止损；在理财方面，虽说普通人无法变成巴菲特，我们至少通过搜索可以帮助自己保持生活水准，避免被骗，少踩坑，在此基础之上，再收获一笔额外收益。

求医问药

很多人肯定遇到过这样的情景：有时候觉得自己身体不舒服，但是又感觉不是很严重，不想去医院排队、拿号等半天，很麻烦而且耗时间。这一点对大城市的人来说感触尤为强烈。之前有个同事向我抱怨，她因为有点咳嗽，去同济医院看病，早上7点多出门，结果到中午快11点才挂到号，等到下午排队看上病时，已经5点多了。她的一天也就这样耗费在了医院里，而且还花了不少钱。

其实在我看来，一些很普通的病，例如感冒咳嗽、轻微烫伤等，没有必要去耗费这个精力和金钱去大医院，我们完全可以通过三个更简单快速的途径解决。

---

① 如生病，请在医生指导下用药。本章建议仅供参考。——编者注

精准搜索术

一、去附近的社区医院

医疗服务方面政府已经做得很好了，不仅有医保，而且又建设了各种社区医院，方便人们求医问药。我们只需向周围人打听，或者直接去百度地图等地图类软件上搜索就好。搜索方法也很简单，提炼关键词，打开地图软件直接搜索即可。

我们需要搜索关键词"社区医院"。不过要注意的一点就是，搜索之前记得打开手机的 GPS，这样你可以直接搜索出附近的社区医院。图 8-1 是我用百度地图搜索的结果，当然你用高德地图、腾讯地图等都可以搜索出来。图 8-2 是地图里的"时光机功能"，直接点击地图上你想要看的位置，就可

图 8-1　用百度搜索"社区医院"　　图 8-2　实地图片

以看到"时光机"，然后再点击"时光机"，你就可以看到实地图片。这样更方便筛选。

二、去附近的药店

现在每个城市都有非常多药店，而且药店的员工都有医药方面的职业资格证，毕竟医药行业不比其他行业。我们去了药店后，先要做的不是直接买药，而是要看收银台周围墙上挂着的医药执照以及员工的资格信息，这样可以避免因为不专业的误导，让自己的健康受到影响。确认这些信息都没有问题后，你就可以直接向店内的导购人员描述自己的症状，他们会推荐相应的药品。

和前文搜索社区医院的方法一样，我们也可以用地图类软件搜索"药房"，这样你就可以看到附近的药房了。

三、网上求医问药

随着互联网的发展，许多便民服务都可以在网上实现，求医问药也一样。不过，互联网的信息量巨大，我们要学会筛选，不能轻信网上的信息。获得真实信息的最好搜索诀窍就是去权威网站或者知名网站。下面我将介绍两个网上求医问药的网站：丁香医生和好大夫在线。

丁香医生由医学网站丁香园的团队研发，是一款面向大众用户的药品信息查询及日常安全用药辅助工具。进入网站的方法很简单，你可以打开百度等搜索引擎，直接搜索"丁香医生"，进入官方链接即可。

在网上求医问药时，我们不能生什么病都去网上治疗。网络只是我们看病的辅助工具，对于一些不严重的病情，我们可以先到网上了解一下情况。如果不严重，只需吃药解决，那我们就没有必要耗时耗力去大医院排队了。

这时我们就可以点击丁香医生网站里"问医生"板块。你会发现里面的排版是按照科室分类的，所以询问之前可以先根据自己的症状判断病症属于哪一科。小朋友生病，你可以点击"儿科"；感冒发烧等你可以点击"内科"。进入具体的科室板块后，你就可以根据医生的简介，选择自己感兴趣的医生进行询问。

了解自己的病情之后，你可以根据医生的建议，选择去医院就医还是去药店购买相应的药品。

有时候，我们想要找到治疗某类疾病的三甲医院，这时就可以点击进入丁香医生的"查医院"板块。在这里，我们可以搜索地点、疾病种类。例如我把城市切换为"深圳"，疾病种类选择为"呼吸内科"，就可以看到符合条件的医院列表。如果是三甲医院，医院名字后面会有橙黄色的"三甲医院"标签。

除了查医院，想了解医院或者药房开的药或家里的一些药是用来治疗什么疾病时，我们可以利用丁香医生里"查药品"功能。你可以直接输入药品名称查询，也可以输入症状进行查询。

最近，我有一个朋友想做近视手术，我就推荐他用丁香医生网站查询了解。他找到"查手术"板块，搜索"近视手术"的关键字，就了解到了矫正近视的相关手术有哪些、做这些手术有什么注意事项。根据这些信息他通过综合判断选出了适合自己的治疗方式。如果不提前做好信息搜集准备，我们可能并不会知道低度数和中高度数近视选择的手术不一样，有糖尿病的、角膜薄的不适合做近视矫正手术。

如今，我们越来越认识到了疫苗的重要性。但是接种前，我们有必要去了解疫苗的相关信息，这样才能保证疫苗可以发挥最大作用。就拿HPV

疫苗来说，市面上有三种：二价、四价和九价。如果我们不提前搜索相关信息，就不会知道自己应该打哪一种。我们还是可以利用丁香医生的"查疫苗板块"去搜索了解。

以上就是关于丁香医生网站的使用介绍。这个网站的用处远不止这些，剩下的就靠你自己去摸索使用了。另外我要补充的是，这个网站还有手机App，你可以自行去手机软件商店下载。

和丁香医生有相似功能的网站还有"好大夫在线"。这个网站更偏向于问诊。如果是想要提前了解病情，你可以到这个网站上找适合的大夫询问。

以上就是关于求医问药方面的搜索技巧。总结一下，就是三个途径，我们可以按照以下顺序实施：首先，利用好大夫在线或丁香医生等网站向大夫描述病情，获得相关建议后，再到这两个网站里去搜索相关的疾病信息和药品信息，确认无误后，再去附近的药店购买药品。如果病情不太常见或者较为严重，就到地图类软件上搜索附近的社区医院，再去就医。如果需要到大医院就诊，你就利用好大夫或者丁香医生搜索所在地的三甲医院，再去排队就诊。

不管是小病大病，我们都要提前搜集好信息，这样再去医院咨询就医时，就可以少走很多弯路，有时候还能省下一笔钱和很多时间。最重要的是，我们能够找到适合自己治疗方法，做出对自己健康最有利的选择。

理财投资[①]

接下来介绍关于理财投资的搜索技巧。

---

① 本节投资理财建议仅供参考。投资有风险，请谨慎判断。——编者注

很多人以为学了理财就可以发财。但是，10年前的1万元和现在的1万元能够买到的东西的价值已经完全不一样了。按照贬值速度估算，你如果把10万元存在银行里，10年后它大致会缩水到5万元，也就是你少了一半的钱。所以作为普通人，我们做理财的意义更多的是为了让自己的钱少贬值一点。

到底怎么通过搜索提高自己的理财能力呢？我们可以从以下几个方面入手。

一、做资产配置

下面先给大家介绍一下标准普尔家庭资产配置图。标准普尔是全球最有影响力的信用评级机构之一，这家机构曾调研全球十万个家庭资产稳健增长的家庭，分析总结他们的家庭理财方式，最终得到了标准普尔家庭资产象限图。这个资产配置方法也是世界上公认最科学、最稳健的方法之一。简单说一下，它其实把家庭资产分为了4个部分。

第一部分是家庭的短期开销，比如水电费、生活用品的购买、吃饭穿衣等，这部分的开销占总资产的10%。这一部分的消费开支建议控制在10%以内，这样一个家庭才有钱存进其他账户。但有人可能会发愁：我控制不住呀，怎么办？

下面分享一个小技巧：记账。你可以用手机的记账App，比如随手记、记账鸭等。这些软件有非常直观的记账分类，点击图标就可以轻松地将账单进行分类，同时每个月还可以生成详细的报表，让你清楚地知道自己的钱花在哪里了。每个月记账之后，你还要学会分析自己的财务状况是否分配合理，需要做哪些调整。你可以提出一些改善的措施，从而让记账这件事情变得更加有效。

第二部分是用于保命的钱，占总资产的 20%。这是杠杆账户，里面放的是保障资产，为的是以小博大，是专门用来解决突发状况的大额开支。人有旦夕祸福，一旦遇上意外、重疾等不幸，家庭资产可能在一夜之间灰飞烟灭。在生活充满不确定的情况下，提前准备好保障资产无疑是明智之举。平时看着没什么用，但到关键时刻，它能保障你不用为了钱去卖房卖车、把股票低价套现、四处求人。

第三部分是用于保值的钱，这部分的资产占比 40%，用来购买债券、信托等。这两类理财产品投资风险很小。这些资产可以作为孩子的教育基金、自己的养老基金。

第四部分是用于生钱的钱，这部分的资产占比 30%，可以用来投资一些高风险的产品，达到钱生钱的目的，例如基金、股票、房地产等。投资向来是高风险高收益，所以不要把鸡蛋放在一个篮子里，应多渠道投资分散风险，但也不能过于分散。另外，投资不是投机，也不是买彩票，建议你选择熟悉的领域，运用专业知识赚钱。你要赚得起也要亏得起，要让这个投资无论盈亏都不会对家庭有致命性的打击。

这样的分配既可以做到不影响我们的生活品质，又能够在风险可控的范围内最大限度的实现财富增值。如果你对标准普尔资产配置感兴趣，可以搜索"标准普尔"这个关键词，这样就可以找到相关信息。

二、学习理财知识

我们可以通过搜索获得相关的信息，例如理财书籍、理财课程、理财经验等。我们可以利用前面学到的搜索技巧——site 指令、关键词思维去网站里搜索相应的书籍、课程、经验等。例如，我们可以到 360 等搜索引擎里输入"理财书籍推荐 site:zhihu.com"，搜索结果如图 8-3 所示。

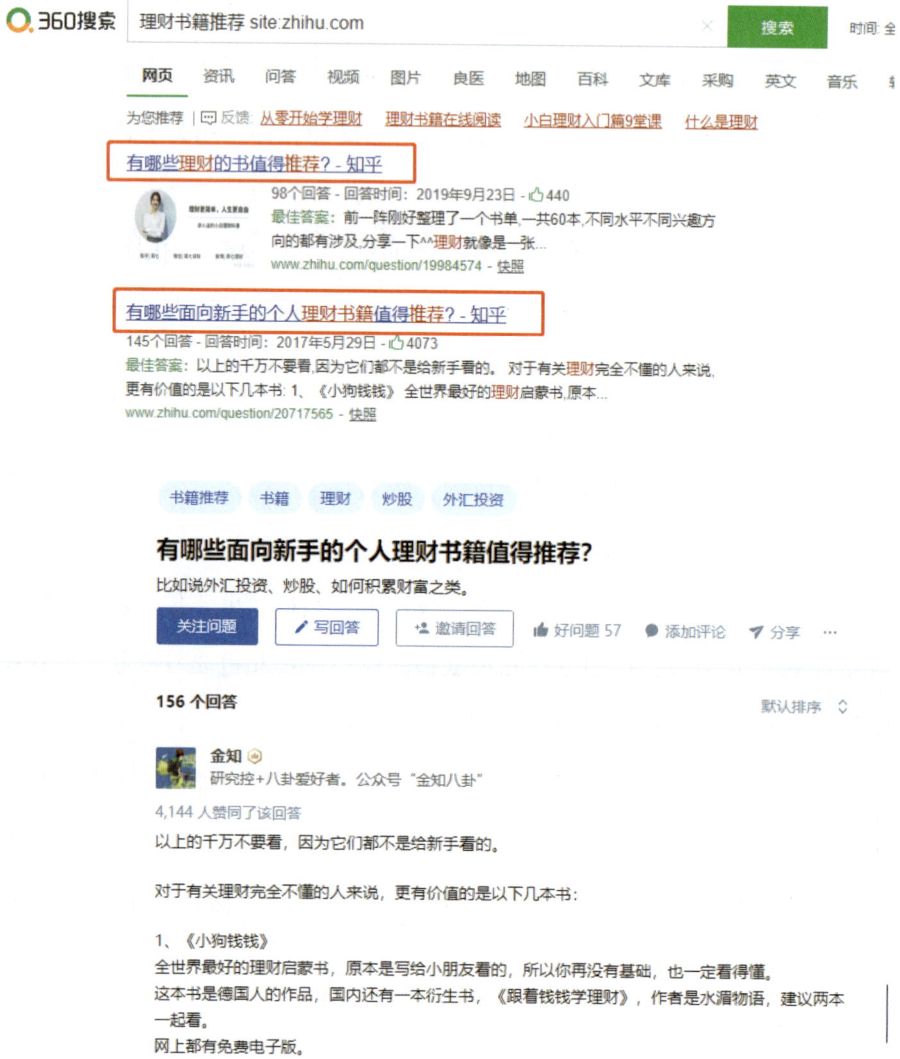

精准搜索术

图8-3 "360搜索"使用示例

《小狗钱钱》是一本风趣又适合入门新手的理财书，这本书中有个观点让我印象深刻，即从你想要的、你能做的以及你拥有的这三个方面思考，你就可以挖掘出自己第一条创造财富的道路。除了这本书，还有一本叫作《穷爸爸富爸爸》，这两本书让我在还没有毕业的时候就获得人生第一笔启动金——10万元。

在理财初期看这些入门书籍，它会让你建立起对金钱的概念，以及对金钱开始有欲望，同时还会让你对理财产生非常浓厚的兴趣。

除了书籍，你也可以去搜索课程，像网易云课堂、腾讯课堂等。现在是知识付费的时代，有很多优秀的专业人员都特别乐于将自己的理财经验分享出来，例如十点课堂、喜马拉雅、唯库等知识付费平台也有很多理财课程。除了这些专门做知识分享的平台，我们还可以关注理财公众号，比如长投学堂等。

有了一定的知识储备之后，我们再去购买理财产品，这样就能降低风险，保障自己的收益。那我们要购买哪些理财产品？又怎么去购买呢？这就是我们接下来要分享的。

三、购买理财产品

那我们要如何买基金呢？买基金本质是选什么样的基金经理帮自己打理财产，所以选基金经理很重要。现在手机端有很多理财App，我个人就直接用的支付宝里的理财功能。这样非常方便省事。所以这里我就直接以支付宝为例，来讲解怎么购买基金。

第一，要选有经验的基金经理，管理一只基金至少5年以上，年轻的基金经理没有经验而且没有历史数据可以对比；第二，要看基金经理的历史基金收益数据，一个标准是这位基金经理近5年的收益数据，能在所有基金经理的排名前20%，同时其近两年的基金的收益数据能够排到前30%。这些就是比较优秀的基金经理；第三，选基金的时候不建议买规模总额太大的基金，建议是2亿元到50亿元；第四，选基金的话不建议只买一只，至少买3只以分散风险。前面3条需要我们搜索查询的信息，我们都可以在支付宝里搜到。

具体搜索查询方法就是：打开支付宝，点击底部"理财"，进入理财页面，然后选择一个基金点进去，你就可以看到这个基金的详细信息了。我们需要着重看的这三点都在基金档案这一部分。我们向下拉或者直接点击顶部的"基金档案"就可以看到图8-4上类似的信息，再下拉就会看到基金档案下方就是我们要关注的基金规模——191亿元，这个数额对新手来说偏大，不适合买入。再往下看，你就可以看到基金经理的详细信息——他的从业时间、简短的从业经历介绍等。图8-5的经理从业12年，符合我们的要求，接下来你要看他的历史收益数据。你点击"基金经理"，进入他的详情界面就可以看到了。

如果你觉得选基金和基金经理太麻烦，这里再介绍一个懒人投资基金法——买ETF指数基金。这也是股神巴菲特最推崇的投资方式。指数基金的本质是把所有的股票都买一点，这样管理费低，而且投资的股票数量多，长期收入也比较稳定。具体的操作非常简单，你可以直接在支付宝的理财界面搜索框里搜索"ETF"，就可以看到所有的ETF指数基金。

当然，购买基金的渠道很多，并不止支付宝这一个渠道，只不过我更建议新手使用这个平台，因为方便省事。其实我们在哪里买基金都可以，因为基金与第三方的平台关系不大，更多的是和基金经理有关。持有基金最好是长线操作，省时省力。

当然除了基金，我还会购买其他的理财产品。我更偏向于安全性能高

| 第二部分 | 生活篇 | 从衣食住行中省出一大笔钱

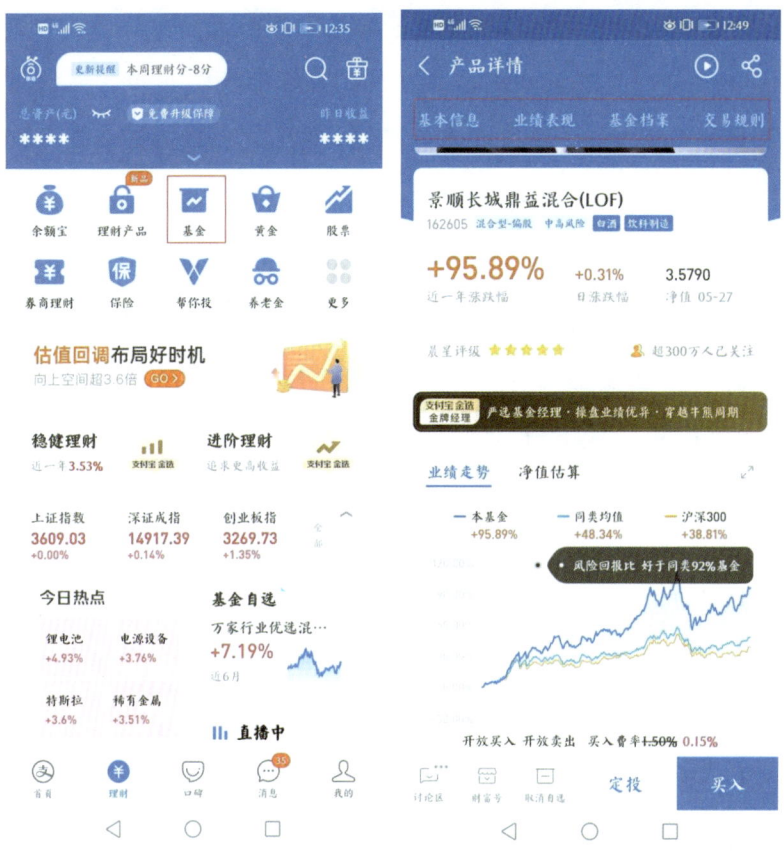

图 8-4　支付宝"基金档案"页面　　图 8-5　基金经理的历史收益数据

的理财产品，所以主要想介绍金融市场中官方认证的四大类理财产品。这四类产品来源分别是：银行、保险、信托、证券。

银行的理财产品是我们最容易接触到的渠道。去银行存钱取钱的时候，我们都能接收到购买银行理财产品的建议。银行发行的每款理财产品都需要在中国理财网登记，有特定的防伪编码（通常是 C 开头的 14 位编码）。你在投资前，可以通过官方网站查询是否是正规产品。你可以先向对方索要防伪编码，登录中国理财网（http://www.chinawealth.com.cn/）进行查询。

如果想要查询保险产品，你可以通过中国银行保险监督管理委员会（www.cbirc.gov.cn）查询。点击顶部的"在线服务"菜单，你就可以查询保险中介从业人员、资格证书持有人，还有各种保险专业机构和兼业代理机构等。只有在银监会官网进行备案可以查询的，才是正规合法的产品。

信托机构我们平时接触得没那么多。信托产品主要是用来管理大额资产，所有信托产品都会在中国信托业协会进行登记备案，对于朋友圈里打着信托名义但又查不到登记备案记录的，我们一定要谨慎对待。有效的查询途径就是联系信托公司的官方客服人员进行核实。具体联系方式在各信托公司官网都会有，最新信托计划也会被公布在其官网上，你可以到该公司官网的信息披露里查询。如果你想查询信托公司也可以去银监会官网进行相关的查询。

证券类、期货类产品你可以到中国证监会查询。在那里，上市公司的各种信息公开以及证券市场的股票、期货等备案情况都可以查到。

如果你真的想通过投资挣钱，就一定要做足了功课再出手，不能跟风，一定要对目前市场各类常见的理财产品的大致收益水平有一个清晰的认识。如果某款同类产品收益明显甚至成倍高出别的产品，那这个产品就有可能有猫腻，你在购买前一定要深思熟虑，弄清楚高收益背后的真正原因。只有真正做到全面了解，你才能做到心中有数、稳操胜券。

理财投资募集中涉及的各类企业，我们也可以通过国家企业信用信息公示系统（www.gsxt.gov.cn）来查询。这里可以查到注册资本、信用记录、业务范围等备案信息，例如它是不是虚假公司、企业信誉如何等。

对于投资理财来说，先不要管收益如何，安全性是首要的。无论是通过什么渠道购买的理财投资产品，你一定要确保其获得了相关监管机构的备案认可。这是保证安全性的最有效的方法。基于这一点来说，培养好的搜索能力和解决问题的思路，可以让我们即使理财知识没那么丰富，也可以避免被骗，少踩很多坑。

第三部分

职场篇
从主副业中赚到一大笔钱

第九章

提高效率：PPT、图片、剪辑模板资源，让你的效率高 10 倍

我们平时在工作或者在开展副业的过程中，总是离不开各种 PPT、图片、短视频等素材，接下来我就从 PPT、图片和剪辑模板这三个方面进行介绍。

我们在掌握了这些材料的搜索方法后，就能更加高效地完成工作，进行快速输出，用更少的时间获得更好的成果。

如何完成项目策划方案？

在工作中，我们最常面临的一个场景就是：做什么事情，领导都会让先写一个方案，其审批之后才能执行。你在写方案的时候最先做的动作是什么呢？你是不是也会先上网搜一个 PPT 模板？还是先看看其他人或者过往类似的活动方案是怎么样的？

当我们做一个项目策划方案时，比如我们要组织一场年会，要做一次营销策划活动，或者做一次产品推广的方案，我们需要有逻辑思维和原则。

做方案的时候我们要遵守两个原则："以终为始"和"从大到小"。

关于"以终为始"，你需要考虑以下问题："我的项目目的是什么？""如何衡量这个目的是否已达成？""我需要产出的交付物是什么？""这个交付

物需要以什么样的形式进行呈现？"从这两个方面考虑，我们的方案就会更加聚集。

"从大到小"指要有大的策略、原则、理论基础的同时，有具体的执行方法、工具和流程，同时还要考虑预算、风险、备案等。

下面以"双十一"营销活动方案为例，看看完成一次项目方案的设计该如何进行搜索？

首先，要明确活动的目的。你要设定活动的销售量、成本控制等。

其次，我们可以参考同类公司已有的方案。具体如何搜索呢？利用搜索指令，在百度搜索已有的方案，比如"'双十一'活动方案 filetype:doc"；通过知乎搜索其他人的经验，找一些现有的模板，比如在知乎上直接搜索"'双十一'活动方案"；在微信上有很多的方案、PPT 模板可以下载，我们可以用微信进行垂直搜索。

当收集了一些素材、方案和模板之后，我们就要开始思考自己的方案大纲具体包括哪些方面了。这时你可以列出自己要涵盖的几个部分的内容大纲，比如活动的目的、时间、地点、参与人员、活动规则、具体的方案实施计划、时间进度安排、前期准备、中期的过程控制、后期的收尾与反馈等。我们按照这个大纲梳理自己的思路，确定好内容后就可以做具体呈现了。呈现的时候我们一般会使用 PPT 作为工具。在这个过程中，我们经常会遇到以下问题。

● 不会搜 PPT 模板，或者搜不到自己满意的模板，花费了大量时间在找模板上。

● 网上资源很多，搜到了却发现无法下载，又或者下载了不能使用。模板中的很多元素都是图片，无法更改。

● 不会套用下载的模板，做出来的效果不好看，自己不会做新的内容。

针对以上问题，我做如下介绍。

PPT 模板的搜索渠道

很多人不知道去哪里搜索 PPT 模板，我们可以用垂直搜索的方法，先找到 PPT 垂直下载平台，然后进行下载。

那么如何找到 PPT 垂直渠道呢？我们可以在知乎上搜索，上面有很多其他人已经汇总的网站链接，只需找适合自己的网站就可以了。

推荐以下 PPT 模板的网站。

- Office Plus（http://www.officeplus.cn/）

Office 是微软推出的办公软件，在微软官网不仅有很多 PPT 模板，还有不少 Word、Excel 模板。我一直强调找资料一定要找一手资料，而一手资料最好是通过软件提供的官方网站去寻找，所以我首推这个网站。

我们只需关注这个网站的微信公众号，并简单地注册后就能免费下载 PPT 模板了。

- 51PPT（http://www.51pptmoban.com/ppt/）

这个网站有很多免费的 PPT 模板、图片、图表、素材、特效等，网站首页的最下方还有按照主题、风格、行业、节日、大设计师等分类的作品。我们找到自己喜欢的模板，点击网页最下方的"下载地址"就可以免费下载了，全程无须注册。

- 千图网（https://www.58pic.com）

这是我常用的 PPT 模板网站，里面的 PPT 模板非常多，而且经常会更新。每天可以免费下载一次 PPT 模板，如果想要更多的模板你可以购买会员。除了 PPT 模板，这里还可以下载各种格式的图片。

- 优品 PPT（http://www.ypppt.com）

如网站首页的标题写的一样，这是"一个有情怀的免费 PPT 模板下载网站"，所有模板点击下载就好了。

- 微信公众号

很多公众号都有免费的 PPT 模板，都是一些 PPT 达人自己收集和分享的。你可以在微信中搜索"年终总结 PPT 模板"，指定搜索内容为"文章"。PPT 模板下载之后除了可以直接套用，我们更需要学习的是作者的 PPT 设计思路，比如其模板的排版方式、颜色搭配等，还可以收藏自己喜欢的形状、图标等，方便自己后续持续使用。

我们平时应该多看一些高质量的 PPT，不断提高自己的审美和 PPT 制作水平。

除了下载 PPT 模板，我们还可以通过使用 PPT 插件的方式更加灵活地制作 PPT。有时候我们需要使用公司的 PPT 模板，不方便套用其他的模板，这时我们就可以利用插件快速进行排版。

下面介绍两款集大成的 PPT 插件。

- iSlide（https://www.islide.cc）

iSlide 是一款基于 PowerPoint 的插件工具，安装以后会直接显示在 PPT 的任务栏上。很多专业的咨询顾问也会使用这个插件来制作 PPT。

安装了以后，你不仅可以使用大量 PPT 模板，还可以使用其 PPT 图表等各种素材。它的功能还有一键优化，例如统一色彩、字体、段落；还有取色器、裁剪图片、增删水印、导出字体、PPT 瘦身等。你有兴趣的话可以安装后尝试一下。

- 美化大师（http://meihua.docer.com）

这个插件同样拥有很多 PPT 素材，能够实现一键美化。比如，你选择

"幻灯片"，然后在搜索框里输入"3"，那么所有三点的页面排版就都会出现了，非常方便。

除了下载PPT模板和使用插件，我们自己也可以绘制PPT，不过这需要一些更高的技巧和方法。要想实现自己构思的PPT内容，我们需要知道PPT的内容主要包括三种元素——文字、图片、图标。PPT的本质其实是用逻辑把我们需要表达的内容展现出来，所以我们在做PPT的过程中需要搞清楚这一页内容的逻辑关系是什么，是并列关系、包含关系、循环关系还是什么其他的关系。在做PPT呈现的过程中，我们要去思考如何综合应用这些元素进行排版会更好看。

我准备了1000套用于工作、学习等各种场景的PPT模版，你如果需要，可以在公众号"朱丹自学力"输入"PPT"免费领取全套模版。相信它们会为你的工作带来助力。

图片的搜索方法

图片是PPT中非常重要的一种因素，那么如何才能找到我们需要的图片呢？

我们要找和内容相契合的图片。对于具体的事物，我们很容易搜索到对应的图片，比如电脑等具体事物我们就很容易找到。那对于抽象的概念我们该如何找到图片呢？比如针对"费用"相关的主题，我们可以从三个角度找到相应的图片：相关的人，比如会计、领导审批；相关的事，它所代表的活动，如报销、审批、统计、制作报表等；与费用相关的物品。比如钱、计算器、算盘等。

因此，对于查找抽象概念的图片，我们只需找到和它有关联的人、事、物就可以了。比如哲学，我们可以找哲学家或者思考动作的图片；比如活动，我们可以用包括一群人讨论等场景的图片。

那我们具体可以在哪些渠道找到需要的图片呢？和上文中找 PPT 模板类似的方法一样，你可以先找到对应的垂直渠道，再去这些网站中进行搜索。

下面我讲一些有关图片的使用方法。网上搜索图片，自娱自乐问题不大，但是如果要商用，就一定要关注版权问题。如何搜图片搜得高效，用得放心？你需要的是基于 CC0 协议的优质图库。

什么是 CC0 协议？CC0 协议就是版权共享协议，基本理念是"创作者把作品的版权共享给全世界，自己不再持有版权"。你可以这样通俗地理解：基于 CC0 协议的图片，可以随便用、随便改，无须他人授权，也无须付费。

那么，知名无版权图库有哪些？互联网上的 CC0 图库很多，下面介绍两个网站。

- Unsplash（https://unsplash.com）

这是一个国外知名的高清免费图库，我们搜索的时候需要使用英文进行搜索，图片都是高清的。

- Pixabay（https://pixabay.com）

这也是一个国外的图库，有矢量图、插画等特殊类型图片，而且可以根据类别、尺寸、主要颜色、方向等条件进行限定和筛选。

当然这里还是要提醒一下，相比记住这些网站，更重要的是要有搜索意识，学会借助网络的力量找到更多有用的资源。学会搜索渠道和平台比记住几个网站更重要。

在做一份 PPT 的时候，很多人喜欢一上手就开始画图，思考如何排版。其实 PPT 只是一种呈现方式，我们一定要先有内容才能去做呈现。我们无论是做项目策划方案还是做课件，都需要先梳理好自己要展现的内容。你可以用文字、思维导图写出来，然后再思考用 PPT 展现出来，而不是一开始就陷入思考细节中。

我在开发课件的时候，一般会花 50% 的精力搜索和构思要讲的内容，然后用 40% 的精力来完成逐字稿内容，再用 10% 的精力去做 PPT 的呈现。因为即使我呈现得再好，如果内容不好也没有太大的价值。

想要把 PPT 做得精美好看，我们可以从模仿优质的 PPT 开始。PPT 技巧很容易掌握，但是逻辑和思维是需要不断地练习的。

如何剪辑模板？

上文介绍的是与 PPT 相关的资源搜索，现在还有一种新的形式——短视频也逐渐成为主流。很多人希望往短视频方向发展，那么和短视频相关的资源该如何搜索呢？

下面我会介绍一些影音资源的搜索方法。

做短视频的一种方式是我们自己拍摄，另一种是在网上找现有的资源（尤其是想要做二次剪辑、解说类视频时）。

视频搜索可以从 4 个渠道进行搜索。

第一，视频的垂直渠道。如果是影视类，我们就可以在影视资源网站中进行搜索。除了常见的视频平台，腾讯、爱奇艺、优酷、哔哩哔哩、西瓜视频等，我们还可以在短视频网站中搜索，比如梨视频、爱给网等。爱给网里有音效、配乐、视频、3D、游戏等素材，非常全面。

影视资源的搜索网站有茶杯狐等，我们可以下载素材然后利用剪辑软件进行剪辑。

第二，磁力搜索。什么是磁力链接？这就相当于文件的身份证号码，具有唯一性。磁力链接搜索，其实就是搜索文件身份证号码，并且通过这个号码找到文件。理论上来讲，任何文件都可以生成磁力链接，影视文件是磁力链接的主要内容。

磁力链接在哪搜？它有专门的垂直搜索引擎，比如磁力社区。那么，如何通过磁力搜索下载影视资源呢？

在磁力搜索网站的搜索框中输入名单，点击结果你就能够看到文本格式的磁力链接。我们只需复制链接，然后通过磁力下载工具（比如迅雷）进行下载。

第三，网盘搜索。因为影视资源一般比较大，所以用网盘更容易存储，但是现在网盘又非常多，所以我们需要找到一个网盘搜索的综合入口。除了猎手资源导航网站，这里再给你推荐一个网站——超能搜（https://www.chaonengso.com/）。这里集合了10多个网盘搜索的入口，方便我们快速在各大网盘搜索网站中进行搜索。

第四，百度关键词搜索。在百度搜索栏中输入影视资源名称，空格后接上"Magnet://"或者"Thunder://"你就可以找到下载地址。

- Magnet:// 是磁力链接的开头。
- Thunder:// 是迅雷的下载协议。

比如我们想做一个关于友情的视频，需要搜索一部电影《七月与安生》，那么我们可以直接在百度中搜索"七月与安生 Thunder://"，这样就能快速获得相关影视资源。

以上是关于影视资源的搜索方法。接下来我们看看在视频制作过程中如何搜索音效。

音效搜索首选专业的垂直网站，你可以在搜狗搜索中搜索微信，输入关键词音效资源，这样不仅能够找到音效资源网站还能够直接下载音效。

除了音效我们还会涉及一些配乐，下载音乐可以去相关的垂直网站下载，但是我们经常会遇到的一种情况是，在某个视频中听到好听的音乐但是不知道是什么。有歌词的我们还可以去搜索，但是遇到没有歌词的音乐又该怎么办呢？

这时我们可以借助"听音识曲"这个功能。打开手机，随便点开一个音乐软件，比如网易云音乐、QQ 音乐。每个音乐软件都有这个功能。对于中文有歌词的歌曲，这些应用效果都差不多；但是对于没有歌词的音乐，网易云音乐会更好用一些。如果是国外的曲子，国内的音乐应用识别都不是太好用，你可以尝试用国外的音乐应用，比如 soundhound、Shazam 等。

有一次我在咖啡馆听到一首歌，觉得旋律非常动听，歌词也非常优美。我想立刻知道这是什么歌、谁唱的，但是当时我只听到了其中一句歌词"Are you really here（你真的在这里吗）"，这是一句很常见的歌词。这时，我就用这句歌词通过添加引号和书名号实现了精准搜索，而没有将里面的单词单独拆开搜索。

综上所述，围绕我们平时工作中经常需要用到的素材搜索，我们就可以提高工作效率了。

第十章

挖掘需求：用对关键词，快速、轻松地赢利

对于创业者来说，创业要从满足用户的需求入手。你做出的产品如果能满足大量用户的需求或能解决某些群体的痛点问题，就会有人为你的产品付费。

很多人一开始创业的时候，都会陷入一个误区，那就是很容易主观臆测用户需求。比如，看别人开火锅店赚钱了，就认为大家都爱吃火锅，既不分析别人成功的原因，也不分析市场形势，只会跟风开火锅店；自己遇到了某些问题，就想当然地认为其他人也有同样的问题，借此去开发了产品……这种盲目臆测需求的做法，最后也容易以稀里糊涂的失败收场。

对于用户需求，我要澄清两个要点。

第一，有大量人口支撑的需求，才是真正有价值的需求。有这个需求的群体越大，就说明愿意付费的人会越多，这样你才越可能赚到钱。什么才叫"赚到钱"？前期开发产品有资金投入，最后卖出产品获得的收入去掉成本的部分才是真正的收入。如果你满足的只是一个小众的需求，也许最后确实有人愿意付费，但更可能的结果是，你赚到的钱甚至覆盖不了开发产品投入的成本。

第二，市场真实反映的需求，才是真正的用户需求。也就是说，不仅你个人要有这个需求，其他人也要有这个需求。只有大部分人都在讨论、寻求解决办法、看重的问题，才是你真正应该关注的痛点问题。

所以，我们在开始筹划创业时，第一步就要从需求调研做起。那么，我们应该调研哪些信息呢？

- 用户需求：对于你熟悉的、擅长的某个行业或技能，用户都有哪些痛点问题或需求呢？
- 需求热度：这些需求的热度如何？有多少人有这个需求？

针对挖掘用户需求这件事，我将详细介绍搜索思路。它主要包括三个部分。

- 去哪里搜？即要观察基于哪些数据可以判断需求热度。
- 怎样确定搜索的关键词？
- 快速爬取用户需求。

哪些平台可以获得需求？观察哪些数据？

先来看这两个问题——去哪里搜索、调研？要关注哪些信息？

我们不妨换位思考一下，用户都会到哪些平台交流问题？生活中、工作中，每当我们遇到一个难题，想办法解决的时候，都会怎么办？相信大部分积极主动的、有求知思维的人都会说，要找人帮忙，要找相关的学习资料。

利用搜索引擎进行搜索是一个渠道，比如百度、谷歌等。第二个渠道是社区，包括知识分享讨论型社区，比如各类论坛、知乎等，还有一些视频社区，比如哔哩哔哩、抖音等。第三个渠道是知识付费平台，我们会直接去找课程。学完课程之后，我们还会在评论区与他人交流笔记、心得，以及对课程内容、课程质量、课程形式等进行评价。如果还有什么需求没有被满足，我们也会在评论区表达一下反馈。第四个渠道是，如果我们已经有了明确的需求，并且只要通过购买东西就能满足需求，就可以直接去电商平台上购买。购买的产品不仅限于传统的日常用品，还包括一些模板资料、小众资源等。

如果我们换个角度去审视"搜索"这个动作就会发现，在互联网时代，凡是人们有需求的，都一定会在互联网上有所体现。这些人们在网上活动留下的痕迹，相比直接询问、问卷调查的方式，能更加客观、真实地反映用户需求。

现在几乎所有人遇到问题时下意识的反应就是要上网搜搜相关的话题。凡是人们搜索过、浏览过的，就一定会在网上留下痕迹，它们客观地反映了用户的真实需求。我们也可以巧妙地通过网上公开的数据和信息，去找出这些痕迹，进而去发现这些真实的用户需求。

具体的操作方法就是顺着上文提到的思路，到用户可能使用的不同的搜索平台上挖掘用户遗留的痕迹，并借助平台提供的公开的数据指标，去判断不同需求的用户量，即需求的热度。

那我们可以去调研哪些平台呢？用户的真实需求又会体现在哪些数据上呢？

第一个是内容平台，包括知乎、贴吧、论坛等社区平台，还有哔哩哔哩、抖音等视频平台以及公众号、头条号、微博。我们都知道，这些平台上的内容火不火，主要是看阅读数、点赞数、转发数、收藏数、评论。这些数据越多，说明用户需求的热度越高。"评论"这一项可以让你进一步挖掘到需求，因为读者可能会在文章、视频下就相关话题发表新的需求点或更细节的需求，也会针对文章、视频的观点发表反馈，因此你可以通过评论进一步去验证需求。同时，读者又会对评论做出回应，比如点赞、回复等。

第二个是知识服务平台。在知识付费平台上，几乎针对各类需求都有相应的课程，而用户的需求心理可以直观地从"销量""搜索频率"等数据上看出来，当然，还有评论数据。评论数据多的，我们可以大致判断出关注这门课程的用户比较多。用户上完课之后，会不会提出新的问题、新的需求？他们对现有的课程有什么不满或者满意的地方？这些反馈的信息都是值得我们关注的。另外一些平台也会有自己的排行榜、推荐榜，我们也需要关注。排行榜不用多说，是经过市场检验之后的需求排名。至于推荐榜，我们不妨想一下背后的逻辑——平台为什么要大力扶持这些内容？是不是因为他们看中了这块的市场效益。

第三个是电商平台，比如淘宝网、拼多多、闲鱼等。这些综合类的电商平台不只卖衣服、书籍等实体产品，还卖一些虚拟产品或者服务。如果你有一个需求，不妨也到这些电商平台上搜一下，去观察商品的详情页、销量数据以及评论留言，一定会有很多新发现，同时还可以拓展你的创业思路。另外，我们还可以注意这些平台的关键位置，比如首页精选、推荐位、排行榜，因为这些位置的流量最大，一个平台肯花大资源推广一些产品，那它们一定是经过精心挑选的，一般都是平台判断用户需求强烈、市场潜力大的产品。

最后要注意，我们在调研的时候需要多搜索，综合多个平台的数据去考量，才会获得更加接近真实需求的调研结果。

像这样，利用互联网上的公开信息去判断用户需求有一个好处，就是挖到的需求更接近用户的真实想法。

为什么这么说呢？因为在现实中，无论是通过访谈，还是问卷调查，都会对受访者造成一定的心理压力，导致他们可能不太愿意吐露真实的想法。可是在网上呢？人人都可以躲在用户名后发表观点，甚至发表想法时还可以匿名，这无疑给了人们更多的安全感，使得人们更愿意倾吐真实的想法。另外，还有一些需求我们可能不会对其他人说，但是自己会私下搜索关键词，阅读、收藏、点赞相关的内容，这也是调研这些数据得到的结果要比其他调研方式更真实的原因之一。一个人说的话有可能欺骗你，但是他的行为却会诚实地透露他真正的内心世界。

另外，除了用户信息本身的真实性，这种调研方法更加具有概率上的真实性，因为我们调研的"样本足够大"。我们所调研的用户样本，它没有限制于某个人特定的社交圈子，也没有限制于某个地点某一时段的客流，它是所调研的各个平台的所有用户产生的数据。像知乎、哔哩哔哩、抖音、淘宝等高度开放的平台，活跃的用户甚至达到亿人次，我们看到的就是全部用户产生的数据。根据抽样调查的原理，我们可以知道，样本越大，调查的结果越接近真实。

确定关键词：需求点和问题场景

创业除了要满足用户需求之外，是否能够成功还取决于另一个关键的因素——你是否真的有能力去满足用户需求。无数创业成功者在总结自己曾经的失败经验时都说："我们只能赚到自己能力范围内的钱，超出自己能力之外侥幸赚到的钱是不能持续的。"

所以，我们在选择创业的方向时，一定要结合自身的能力，找到"自己能满足"与"用户有需要"之间的交叉点，作为创业项目的立足点。

那么要怎么保证自己有能力满足用户需求呢？我建议你最好从你熟悉、擅长的事情切入。如果这件事碰巧和你的个人爱好重叠，是你特别感兴趣的领域，那就更好了。因为如此一来，至少有足够的热情和动力去支撑你走过创业路上那些艰难的节点，因为这些困难几乎是无可避免的，是每个创业者都必然会面对的。这一点可以保证你有源源不断的动力和足够的能力去持续打造这个产品。那么怎么确定这个大方向呢？

首先，我们要从自身的角度思考，哪些你熟悉的、擅长的、喜欢的事情可以成为你创业的可能方向？在这一步里，你可以先找到1~3个备选方向。

请先打开思路，从以下4个维度尽情地进行头脑风暴。

● 职业：根据你之前从事的工作岗位去发散。具体的岗位比如工程师、讲师、运营、销售员、设计师、翻译人员等。另外，你在这些工作经历中积累了哪些行业经验、掌握了哪些业务技能都是你创业的基础资源。

● 技能：你只要有一技之长，就可以利用它来变现。比如你是否擅长摄影、视频剪辑、写作、绘画、演讲、某项运动？你是否精通某些软件的应用？

● 爱好：如果你观察过一些成果的内容创业者，你会发现他们很多都是利用自己的爱好起家的。只有你想不到的创业思路，没有你不能变现的爱好。比如喜欢研究美食的，成为教人做菜的美食博主；喜欢研究化妆品、服装搭配的，成了美妆、穿搭博主；喜欢追剧吐槽的，也都在各大视频网站的影视区占据了一席之地，坐拥百万粉丝；还有一些爱好旅行的，自己发掘了很多自由行路线，后来以此创业，开创了自己的旅行品牌，主打小众、自由、纯玩不购物的深度游，也吸引了不少不想自己做旅游攻略但又想相对自由地旅行的游客。所以你平时都对什么事情有独钟呢？不要在意它是不是不务正业，大胆发散你的思路，如果有大批人和你有同样的爱好，那么你就有极大的可能有需求市场。

● 专业：结合自己的学习经历也可以挖掘自己创业的点。我们不难发现，现在的工作节奏越来越快，人们越来越注重效率，而有效率的工作方式就是"专业的事要交给专业的人去干"，这是绝大多数人都认可的铁律。

那么你在哪些专业有过深耕呢？是否做出了一些成绩？从你的专业出发去创业，你的专业背景和多年的研究经验相对于其他创业者来说就是一个天然的优势，可以打造出你个人品牌的商业壁垒。和专业有关的关键词有英语、数学、计算机、经济、法律……你可以围绕你的专业名称，把相关的词都搜索一遍，一定能有所发现。

你可以从以上四个维度，结合个人的经历，选出一个或几个擅长的、熟悉的领域。

拿我举个例子。我在当初构思课程创业的时候，先分析了一下自己的学习经历：我有过英语、教育学专业的学习研究经历，且很幸运地用较短时间申请到了香港大学的博士入学资格，这说明英语相关的以及学习方法相关的领域是我比较擅长的。而且我也有充分的知识储备，这可以作为我选择的一个方向。另外，从工作经历上分析，我在做CTO期间，成功入学了香港大学，且在兼顾工作、学习同时，也很好地完成了陪伴、照顾两个孩子的任务。这段经历为我积累了不少多任务处理、时间管理等方面的成功经验。这也是我可以输出的要点。我在多年工作、求学的过程中养成了良好的搜索习惯，积累了不少搜索经验，培养了良好的信息素养，也借此开发了搜索、信息整理的课程。通过梳理这些经历，后来我确定了一些课程开发的方向，比如搜索力课程、自学力课程、效率提升课程等。

所以，"确定创业方向"这一步其实就是通过梳理你过往的工作、求学经历以及生活中你引以为傲的事情，从四个维度去充分发掘那些你擅长的、熟悉的、喜欢的东西，这些就是你可以做输出的点。你可以以这些点为中心，进一步发散思考创业的大方向。

但我们仅仅有个大方向还不够，比如我们刚才找出的像英语、编程这类词，都是很宽泛的，这些大方向又可以细分为很多小分支。比如仅就"英语"这个词来讲，有的人学习英语是想通过考试，比如托福、雅思、大学英语四六级等；还有的人就是想从事英语翻译相关的工作，当然就连翻译也分为口译和笔译。所以我们不可能一下子满足用户关于英语的全部需求，至少在创业初期只能把其中的一个小方向作为主要产品。那我们接下来要面对的问题是，如何根据前面确定的大方向，去挖掘细分的小方向呢？

比如，我想做英语方面的产品，那么关于英语，人们都要面临哪些难题呢？人们关于英语需要解决的问题就是我要挖的具体的用户需求。那我就需要上网查查关键词"英语"，看看大家都在讨论什么。

上过我搜索课的学员，这个时候应该会想到一个渠道，那就是"指数搜索渠道"。比如打开"百度指数"搜"英语"，我们就会看到与英语有关的词云里，人们用"百度"搜索的频率较高的关键词，有"四六级""考研英语""托福""雅思"等。如果我们再进一步搜一下"考研英语"的指数，就会进一步发掘出更细节的需求。这也是对考研英语领域的进一步划分，比如"写作""词汇""长难句"等。通过指数搜索，我就可以发现人们对英语这个需求里更细节、具体的细分需求，同时也会看到这些细节需求的热度排序，即人们在百度上搜索不同词条的热度的排序——热度越大的，搜索的频率越高。

用指数搜索是一个非常简便、快速的方法，可以帮助我们发现细分需求以及判断各需求的热度。但指数搜索只是我们搜索的多个渠道之一，所以仅通过百度指数的数据做判断还是不够的。我们还可以综合各大信息平台，看人们就这个话题都在讨论什么、讨论的热度又如何。具体的做法就是在第一部分讲到的去各大平台上搜索这些词，去发现用户在提到这些词的时候都会和哪些实际的问题关联。

比如你可以在知乎上搜索"英语"，看看都有哪些热度高的提问、提问者的核心问题是什么。怎么看问题的热度高不高呢？你可以看这些数据：问题关注数、问题回答数以及高赞回答的转评赞数等。你还可以关注英语相关的话题圈子，看大家都在讨论什么。评论区可以进一步验证需求，你可以通过它获取有需求的用户最直接的一手反馈。之后，你可以以同样的方法在我们第一部分提到的那些平台都搜索一遍。

一定要注意，我们做需求调研的落脚点一定要落在用户的问题上面，即用户为什么会提出这些问题？他们有这些需求是为了达到什么目的？遇到了什么困难？

所以我们在调研的时候，分析问题一定不要仅仅停留在技能层面，要与具体的场景结合起来。比如学英语是为了通过考试、学习视频剪辑是为了做自媒体赢利，在这里，像"英语""视频剪辑"等就是"技能词"，是我们一开始确定的大方向，而后面具体要解决的问题就是我所说的场景。你挖掘到的需求的应用场景越具体，就越容易打击到用户的痛点、吸引用户付费。

做完这一步后，我们还可以把"技能词+场景词"结合起来一起搜索，去挖掘一下这个具体的需求点的真实热度如何。至于具体操作方法，你按照第一部分介绍的去做就可以了，比如，在各大平台上搜索"考研英语"，去看相关话题的讨论热度、转评赞收藏付费等数据，判断是否有非常大的真实需求，然后把同一个技能词加上不同的场景词，分别搜索一遍，看看它们的关注热度、讨论热度，然后做一个对比。热度越大的需求量越高，这个排序就可以作为你定位具体的创业方向的指导数据。

第十一章

找准商机：一键找准用户痛点和潜在商机，变现超简单

在经过一番需求调研和自我分析后，相信你已经有一个大致想做的方向了。面对一个用户需求，我们可以把它做成哪些类型的产品？怎么做出产品呢？解决这个问题，我们可以根据确定的需求，看看行业内其他人都做了什么产品，其中哪些产品成功了，从而挖掘到商机。具体的做法是：

- 借力：做同行产品调研，看同行找到了哪些商机。
- 反馈：做竞品评价调研，看用户对产品如何评价。
- 迁移：从用户、场景、需求等角度去分析成功的因素，然后模仿、迁移，找到新的赚钱思路。

借力：同行找到了哪些商机？

我们可以去搜一搜同行其他人都做了什么，找一找思路。可以调研的渠道有很多。

- IT 桔子。IT 桔子上有各行业的投融资信息，我们可以通过被投资企业的信息了解到他们都做了什么产品。
- 社区和引擎搜索。因为用户的需求就是他们亟待解决的问题，所以我们以搜索解决问题的方法为思路，可以挖到一些现成的解决方案和相关

产品。你可用以下组合词作为关键词来搜索："怎么／如何／怎样＋解决需求"，比如"如何高效搜索""如何学好英语"；"×教程／培训"，比如PS教程，office教程；"场景＋需求"，比如微信、电脑怎样、手机怎么……

- 如果你已经确定了要做什么类型的产品，还可以在相关垂直平台搜索：内容类产品就到相应的内容平台做调研，如公众号、视频号、抖音号、小红书等；课程就到在线课程平台，如网易、有书等做调研；书籍就到豆瓣、当当等平台做调研。

- 电商平台。你可以以需求作为关键字搜索，搜索市面上在售的相关产品。

反馈：用户对产品如何评价？

通过前面的操作，我们大致知道了针对已知的需求都有哪些产品，接下来还需要搜索用户对产品的评价，通过用户的真实反映，判断这个商机是否值得一试。

看评价都有哪些渠道呢？能挖到用户需求的平台，同时也是挖掘用户产品使用体验的平台。

第一个是内容平台，包括知乎、贴吧、论坛等社区平台，还有哔哩哔哩、抖音等视频平台，以及公众号、头条号、微博。你可以以产品名称作为关键字，去搜索问答、话题等内容，以及一些测评类IP发表的产品使用体验的测评。同样，我们要关注阅读数、点赞数、转发数、收藏数，大致判断会使用产品的用户基数有多大，并且通过评论区留言获取用户的使用反馈——有哪些满意的和不满的地方、是否提出了新的需求点、是否需要注意更多产品细节等。

第二个是知识服务平台。如果你要做的是知识类产品，那么可以关注知识服务平台中用户对各类课程的评价，比如在线课程平台网易云课堂等，以及知乎的专栏、头条的专栏、豆瓣上的书评，甚至一些课程的公众号软广。有人会说公众号评论都是经过筛选后显示的，会掩盖用户真实的反应，但我们换个角度想，软广本身内容的侧重点以及评论中突显的侧重点，都是经过营销调研后总结的用户感兴趣的"痛点"，也能给我们提供一些借鉴价值。

第三个是电商平台，比如淘宝、拼多多、闲鱼等。第一要看详情页，详情页本质上是一种宣传营销文案，店家会把产品最吸引用户的特点挂出来，吸引用户购买，所以我们在做产品设计的时候，也不妨参考一下详情页上重点介绍的产品特点。第二要看销量，销量反映了这类产品的市场认可程度。第三要看评论，要看用户使用这些产品的时候都注重哪些方面的体验，另外针对销量不好的产品，要多关注用户为什么给差评、都在吐槽哪些点；针对销量好的产品，要看用户夸什么，这些都是用户使用这类产品时最在意的最核心的功能。同样要注意的是，这些综合类的电商平台不只卖衣服、书籍、课程、资源这些产品，还卖一些服务，比如说刷票服务、做海报、处理图片等。凡是你能想到的变现套路，都不妨在电商平台上搜一下，一定会有很多惊喜。

最后要注意，我们在调研的时候，需要多搜索、综合多个平台的数据去考量，这样得到的结论会更真实客观。

分析：模仿迁移，发现新商机

在挖掘到成功的赚钱案例后，我们可以从用户、场景和需求三个角度拓展自己的赚钱思路。

一、用户

这个成功产品的用户是谁？你是否可以把这套赚钱模式换到其他用户群体去？

你可以根据生活地点、角色职业、年龄段、性别、认知层次等对用户群体进行划分，针对不同用户群体设计不同的、有针对性的产品亮点。具体来讲就是以下类目。

- 生活地点：一线城市、二线城市……
- 角色职业：比如工作岗位，即技术、产品、运营；身份地位，即员工、老板、学生；家庭身份，即儿童、妈妈、祖父母；个人爱好，即运动、爱美、读书……
- 性别：产品设计也要考虑到男女不同使用习惯、使用心理等方面的差异。
- 认知层次：小白？入门？进阶？还是资深？

比如我开发的搜索课，虽然同样在讲怎样用搜索术解决问题，但是根据不同的用户身份，我可以开发出不同内容的课程。针对学生，我会讲怎样搜集资料、找学习小组、找解题方法和学习方法；针对妈妈，我就会侧重生活方面的应用，比如购物比价、求医问药、购房买车；针对职场人士，我更倾向于讲如何提升职场技能等。虽然其核心的方法是一样的，但是不同用户需要解决的具体问题有所差别。核心的方法用到解决具体问题上，涉及的内容会在更细节的层面上有所不同。

不只是开发课程产品，对于其他任何类型的产品，只要你的用户群体不同，那么体现到产品细节的层面上，就还会有不少等待你重新挖掘的亮点。

二、场景

第二个拓展的角度是使用的场景。设想一下，当用户产生这个产品使用需求时，是在什么样的场景下呢？用户是否还可能在其他场景也有同样的需求呢？

比如同样是做内容变现，在不同的使用场景下你需要把产品变换成不同的形式。在通勤路上，进行深度阅读或看时间较长的视频课、直播课就不太方便，但是刷短篇文章或听音频就很方便，所以你可以做成音频课，也可以制作成专栏文章；在室内，我们有很多时间可以深度学习，你就需要开发一些更深入的课程内容，比如较长的视频课、直播课以及出书。此外，还有在其他环境下需要学习的情况，在此我就不一一列举了。

除了环境场景，我们还可以从其他很多维度继续发散使用场景。比如考虑用户是在什么载体上使用产品——是使用手机还是电脑？在哪些生活场景会使用产品——学习？娱乐？出行？有哪些平台可以铺产品？我们可以根据不同平台提供不同的展现形式，例如公众号、小程序、网页、App、淘宝等。

三、需求

第三个角度是需求。对于一个成功的产品，我们是否可以套用这个产品的形式，去解决用户的其他需求呢？

比如我最初只开发搜索课，一些学员学过课程之后又针对课程内容反馈了新的需求——他们对电脑文件的收纳整理、笔记整理等内容感兴趣，也有学员对我身兼多职的经验感兴趣，于是我随后又开发了收纳课、高效课等课程。

即使是面对同样的用户群体,他们也会有多种多样的需求。所以当我们发现一个产品的赚钱模式很成功的时候,就可以把它套用到能解决的其他需求上,去设计自己的产品。

第十二章

获得经验：快速找到成功方法，轻松解决任何难题

如果你现在要去一个地方旅游，你会做哪些准备？如果你是一个爱玩游戏的人，但是在游戏过程中有一关一直过不了，你又很想攻克，会怎么办？

其实最快的方法就是去网上搜索攻略。旅游前我们可以去网上看看别人写的游记，用来参考安排自己的行程；通过游戏攻略，我们可以掌握快速通关的秘诀。

旅游攻略、游戏攻略是我们在平时最常见的两种经验搜索。除此以外，以下情况我们都可以用到经验搜索。

- 我们要做一件自己没有做过的事情。
- 我们在做事情的过程中遇到了问题或者困难。
- 这个事情可能有成型的方法论或者模板。

假如你要考研，虽然没有备考过，但是有很多人都参加过考研，你可以参考别人的考研经验；你在工作中要做一个宣传方案，不论之前是否做过，但是肯定有别人已经做出了一些好的方案，它们可以帮助我们拓展思路；你想做副业，便可以看看别人有哪些做副业的经验。

经验搜索能够让我们快速得到一些技巧和方法，提高我们的效率，助我们攻克难题。

那么经验搜索具体要怎么做呢？

经验搜索背后的思维：模型思维

什么是模型思维？模型思维就是指快速套用已有的框架、模型、原理等理论的思维。

比如都是在同一个地方旅游，景点都是一样的，那么我们就可以快速复制别人的旅游经历，通过旅游攻略找到一些节省时间、不走弯路的方法。我们也可以参考别人的学习方法，根据自己的实际情况来制订自己的学习计划。

在搜索的时候我们可以从以下三个方面找到搜索的切入点。

- 别人做过这件事情之后会分享到哪些平台上？
- 哪里有通用的模板供我们直接套用？
- 我该如何结合我的实际来适配别人的方法论？

前面两点决定了我们可以在哪些渠道搜索到想要的经验，第三点是搜索到经验以后我们需要思考的问题。我们可以通过多渠道收集信息并进行整理，然后提炼出一些通用的方法，也可以只选择一个认为和自己情况最相近或者自己比较喜欢的方法，针对这个方法去优化，调整和自己情况不符的部分。比如别人复习备考，每天要背20个单词，但是你感觉自己的词汇量不够需要多补充一些，那么你就可以制订每天背30个单词的计划。

总而言之，由于每个人的情况不同，对于搜索到的信息我们都需要进行进一步的加工，让这些方法更加适合自己。

我们在做搜索经验的时候，可以按照以上三个点去探索，找到可以获取我们想要的信息的渠道。接下来我将介绍一些常用的经验搜索渠道。

常见的经验搜索渠道

一、社区

这里的社区主要指网络社区，例如论坛、贴吧等。论坛可以分为综合性论坛和专业性论坛，比如天涯是综合性论坛，搜索论坛、考研论坛等是专业性论坛。专业性的论坛会聚焦在某个群体或者某个主题上，尤其是一些技能类的论坛不仅可以让我们拓展这个领域的知识，还能够和具有相同爱好的人进行互动交流，帮我们解决遇到的问题。

下面介绍一些专业性论坛：

- 锐普PPT论坛（http://www.rapidbbs.cn/forum.php）

这里有很多PPT模板供你下载，还有用户的技巧分享。你可以在问答区提问。

- 搜网（http://www.sowang.com/bbs/）

这里有很多的搜索技巧，是一个很好的学习渠道。

- 考研论坛（http://bbs.kaoyan.com/）

这上面有很多考研的经验分享帖。

想要搜索相关领域的论坛，你可以直接在百度搜索"某某论坛"就能找到。

二、自媒体

自媒体是一个很大的概念，通俗一点理解，它是普通人在网络发声的传播方式。既然是普通人发声的地方，我们自然可以搜索到很多人的一些优质的经验总结。这里我把这个渠道分为四个类别：文字类、视频类、问答类和电商类。

1. 文字类

如公众号、今日头条、百家号、QQ号……现在主要的信息平台都来自几大公司，我们只要关注一些主流的平台就可以了。你可以通过站内搜索或者垂直搜索入口进行搜索。

比如我们想要搜索公众号的文章内容，就可以去搜狗搜索的微信入口搜索或者通过微信App上的搜索栏进行文章搜索。今日头条网站也有站内的搜索框。

2. 视频类

如哔哩哔哩、抖音、小红书、视频号、西瓜视频……随着短视频的发展，现在很多视频平台都有非常多资源，很多人会通过视频分享自己的经验。

比如你在哔哩哔哩搜索"找工作"的经验，就能搜到很多丰富的经验。这些经验能够让你避免遇到很多坑。不论是没有找过工作的学生朋友还是想要通过跳槽换工作的职场人，都可以学习一下。

3. 问答类

如百度知道、知乎、悟空问答……我特别擅用知乎，因为我觉得上面有很多的问题能够得到特别专业人士的解答，而且很多回答还特别成体系。我也在知乎上开设了专栏。

4. 电商类

如淘宝、京东、拼多多……这类主要用于搜索生活经验。我们可以通过这些平台了解产品的使用方法，也可以开阔自己的视野，找到一些更好用的工具，还可以寻求一些专业的服务，比如代搜电子书等。

我们在淘宝上搜索"新手妈妈"，就可以找到很多好物，有很多东西可能是我们之前没有想到的。我们可以通过淘宝去了解和发现。

以上四个类别的自媒体平台——文字类、视频类、问答类和电商类，可以帮助我们更快地获取相关的经验、开拓我们的思路。

三、模板

上文提到过，搜索经验就是，利用模型思维找到通用的方法论和模板去适配我们自己，所以当我们要做一件事情之前都可以想一想有没有对应的模板可以利用。

在工作中我们经常会用到各种 PPT、公文、Excel 表格等模板，最简单的搜索方法就是在网上直接搜索"某某模板"，比如"PPT 模板""行业报告模板""人力信息模板""答辩状模板"，然后你就可以得到很多模板的网站，直接去网站下载就可以了。

你可以培养搜索模板的意识——当我们要做一项工作的时候，可以先想一想有没有模板可以参考。比如我刚开始写论文的时候也会去找一些论文的模板；我写视频文案时，也会去网上找一些文案作为参考。

其实我们上网课学习的就是一个方法论，是一个模板。我们每个人根据自己的特点在这个模板上进行个性化的调整，就生成了属于我们自己的东西。这些模板能够让我们在什么都不知道的情况下尽快上手并且取得较好的成果。

四、方案报告

最后介绍的一类搜索经验是方案报告。我们可以从别人已经完成的方案和报告中，获取大纲、思路、使用到的工具等。方案报告主要包括以下几类。

- 行业调研报告：你可以从智库、艾瑞网、易观网去查询咨询公司出具的调研报告，咨询公司在调研报告方面是比较专业的。这里给我们的搜索启发是在搜索时要先想一想有没有一些专业的机构，参考专业团队的成果做出来的成品肯定不会偏差太大。

- 活动方案：你要思考可能有哪些人已经组织过类似的活动，比如你要组织一个读书会，可以参考现有的一些读书会的形式，比如比较有名的樊登读书会，你可以看看他们是怎么做读书活动的，在借鉴别人的基础上做出具有自己特色的活动。

- 产品推广方案：这类的方案可参考的比较多，你可以搜索网盘的资源，比如"双十一"活动策划方案。但是要注意的是，我们学习的是别人的框架、使用过的工具，而不是照搬别人的方法。

以上四个渠道——社区、自媒体、模板和方案报告是我们平时可以进行经验搜索的渠道。接下来我们来看看在具体场景下如何进行经验搜索？

案例分享

案例1："双十一"即将到了，老板让我写一个活动方案。

这种情况在职场比较常见，我们需要写一个方案的时候就可以用到经验搜索。

首先，我们可以先在公司内部搜索，看看公司之前有没有做过类似的活动？其他部门有没有相关经验？过去做的效果如何？有哪些方面可以继续优化？

其次，我们可以在外部搜索，看看有没有更好的方式、方法。我们可以先在搜索引擎上进行综合搜索，即直接在百度上搜索"'双十一'活动方案"，就会看到很多方案模板。这也是我们在做经验搜索时很重要的一个部分。百度文库中就有一些过往的活动方案可供我们参考。我们主要参考的是它的框架，至于活动细节我们则需要根据自己的情况进行制订。

我们还可以去知乎搜索"'双十一'活动方案"。有人会把自己的方案、设计的思路分享出来，如果你从来没有做过这类活动，通过学习别人的方案至少能够对整个活动有一些大体的概念。

我们也可以去微信公众号搜索。很多公众号都会提供非常丰富的素材和模板。

此外还有前文介绍的网盘搜索，你也可以充分利用起来。

当我们具体实施的时候，比如做宣传物料时，我们可以有针对性地去海报设计网站，比如创客贴、图怪兽、搞定设计等找模板。

面对这么多渠道，你可能不知道到底应该如何取舍才好。我会尽可能多地给你展示一些搜索结果，帮你打开思路，让你知道我们可以通过很多的渠道获取这些信息。当你的搜索技巧还不够熟练的时候，你可以先全部搜索一遍，尽可能地去找到自己需要的材料。等到以后在具备比较成熟的搜索技巧、有了累积之后，你就知道通过哪些渠道能够更快地获取高质量的信息、实现精准搜索了。

当收集了足够多的信息之后，我们就要对这些方案进行整理。我们可以先把所有下载的内容都放到一个文件夹，然后逐一看一遍。觉得对自己用处不大的你可以马上删除它们。做完一轮筛选之后，你再选择其中一个最符合自己需求的模板进行细化。在浏览的过程中，你可以把对你来说具有启发的一些点同步做好笔记。这样我们在做自己方案的时候就能够很快上手了。

案例2：你们家里新迎来一个小宝贝，作为新手父母，你想知道自己需要做什么？怎么做？

作为新手父母，我们肯定有很多需要学习的事情。这个时候经验搜索能够充分帮助到你。

首先，我们可以先去网上查找一些新手父母的书籍来看。一般这类书都是由专业人士编写的，而且每一本书都是一套知识体系，相对来说会更加可靠。比如我们可以去知乎上搜"新手父母看什么书"，就能找到一些大家推荐的书单。我自己在怀孕还有教育孩子的过程中都会看书，而且不止看一本。围绕一个问题，我会看好几本书，比如针对孩子能不能看电视这个问题，我就看了三四本书。

其次，我们还可以去搜索一些新手父母的社区，找到和自己同频的伙伴进行交流。比如我们搜索"新手妈妈社区"就会看到"妈妈帮"等社区。

当然，现在自媒体平台上也有很多人会分享自己的教育经验，也非常容易获取。这里需提醒你的是，因为现在信息非常多，我们在看类似的文章时一定要保持谨慎的态度，毕竟适合别人的方法不一定适合你的孩子。我们尽量去找一些有专业理论背景的专家的分享，对于别人分享的经验和方法，可以做一个二次搜索和确认，看看有多少人使用过这个方法、效果如何。

我记得之前看过一个新闻，说有一个新手妈妈报了一个引导婴幼儿独立睡觉的课程，让自己3个月的宝宝独自练习趴睡导致宝宝身亡。这个妈妈就因为盲目听信别人的看法，在孩子哭泣的时候没有及时帮助宝宝造成了这个悲剧。这也给我们敲响了警钟，作为新手父母，我们不仅要多渠道了解各种科学的知识，还要在实践过程中结合具体的情况及时做出调整。

案例3：我想学习理财，该如何搜索才能快速入门？

我的学员小聪在我的课堂中受到启发，认识到了理财的重要性，准备开始学习理财。

她给自己制订了这样的搜索计划。

第一步，通过经验搜索，了解别人是如何学习理财的。

小聪在知乎上看了大量关于"如何学习理财"帖子，并且优先查看了点赞数高的内容。

通过这些分享，她能够获取很多有用的信息，比如推荐书籍、课程，又比如一些好的理财习惯，能够让他对理财建立一个初步的了解。

除了知乎，她还去西瓜视频、哔哩哔哩等平台看了一些财经博主的视频。这些视频一般寓教于乐，通俗易懂，能够帮助她树立一些正确的理财观念。

当她通过这些平台了解到一些理财的大咖之后，就开始关注这些大咖的微博、公众号等，及时地收到他们最新的一些分享。毕竟理财这件事情和外部的环境密切相关，需要我们随时关注一些经济的动态，才能做出更准确的判断。

这时，比如她认识到"温义飞"这个博主，然后觉得他说得也不错，就去全网搜索了他，包括微博、各大视频、公众号等。

建议你在了解的过程中，也最好选择那些持续发布多个视频，并且有自己理财体系的博主，如果他们有出版书籍就更好了。因为当一个人出版了相关的书籍，就说明他在这个领域是有自己的知识体系的。

总之，如果你是理财小白，就可以通过知乎的帖子、知乎的评论先对理财建立初步的认知，再有意识地了解适合自己的理财产品是什么，不断将范围缩小，最后根据自己想要学习的理财产品进行深度自学。能够在短时间内学会一项技能是非常不错的。小聪最后选择了基金作为自己的重点学习对象。经验搜索就是帮助我们初步了解一个事物的最好方法。

第二步，小聪想要快速上手操作，需要找一位老师手把手带领自己入门。

找到专业领域的人士对自己的学习方向和方法进行指导是很有必要的。我们可以向自己周围有相关经验的朋友或者专业人士进行咨询沟通，专业人士往往能够给我们很多有价值的意见，对我们的学习能够起到很关键的作用。

她选择在行这个平台联系到一位老师进行了一对一咨询。通过1个多小时的交流，她成功完成了开户并对基金的基本理念有了了解。

当然这还远远不够，接下来她开始每天持续地听课、看书，一边实操一边复盘，不断提升自己。

第三步，为了验证并且巩固自己的学习成果，小聪建立了一个微信群，拉上3~5个好友把自己所学的知识教给她们。后来我问她真正熟练掌握这个技能她花了多长时间，她说因为将学到的技能教给别人，本来她预计自己的学习时间要2~3个月，最后她只花了一周的时间就把这个技能彻彻底底地掌握了。所以以教带学是一个非常好的方法。

最后温馨提醒你，理财有风险，入市需谨慎。你在理财的时候一定要有自己的判断，切不可人云亦云。

我们来简单回顾一下：我们了解了经验搜索背后的思维其实就是模型思维，即把现有的一些模型、理论进行迁移应用。经验搜索的渠道主要分为四个方面：社区论坛、自媒体平台、模板、方案报告。自媒体平台分为文字类、视频类、问答类和电商类，基本已经把所有的渠道覆盖得比较全面了。你首先要培养自己的经验搜索意识，刚开始的时候可以去多个渠道尝试搜索，等到熟练以后就能够快速知道哪些渠道会有我们需要的信息了。

第十三章

找到客户：没客户没订单？一键获取目标客户联系方式

我的朋友阿明是做建材厂家业务的，他在谈及自己是如何拓展业务时，告诉我，每当他到一个新城市，都会提前用百度搜集这座城市所有的建材市场信息，包括每座建材市场的开发时间、规模、主要经营的产品种类等，然后梳理整合这些信息，将其列成表格，接着根据出差安排，提前设计好走访调查的最佳路线，这样既能确保把主要时间留给最重要的市场，又能留出富余时间走访新市场。

这就是很典型的拓展新客户的方法：先通过信息搜索平台，广泛搜集大量的客户信息，从中分析竞品信息、了解市场动态，以掌握全局分布、分析进攻方向。这对开发新客户具有非常重要的意义。

我们从信息搜索平台获取一定量的信息后，还需要根据当前公司发展需要及产品定位，进一步了解和筛选出条件符合且有需求的客户。这时，我们可以通过这些目标公司的官网等渠道，查找公司相关负责人的联系方式。

第一步，广泛搜集客户信息。这里我主要针对第二步进行讲解，即如何找到符合自己产品定位的公司，以及如何找到相关负责人的联系方式。

第一个渠道当然是汇集了大量商家信息的垂直网站，主要有两类：一是B2B电商平台，二是行业平台的官方网站。

B2B 平台及行业平台网站

先来看一下 B2B 电商平台。B2B 是 Business-to-Business 的缩写，即企业与企业之间通过专用网络进行数据信息的交换、传递，以开展交易活动的商业模式。

简单来说，我们使用淘宝网是个人进行购买，而 B2B 就是企业对企业的"淘宝网"——企业把自己的企业信息和产品信息上传到 B2B 的网站上，其他企业和客户可以通过 B2B 网页或移动客户端即时查看，便捷地筛选、比较，然后达成交易。我们有两种使用 B2B 网站的途径——你可以在上面搜索潜在客户的公司信息，也可以直接把自己的产品发布上去，宣传自己的公司和产品，尽可能多地吸引目标客户主动来询价。

B2B 平台有很多，比如我们经常谈到的三大 B2B 平台——阿里巴巴、环球资源和中国制造网。很多国内的外贸企业也在利用各种 B2B 平台开展外贸业务。

- 阿里巴巴（国内版网址：https://www.1688.com/ ）

你可以在站内选择"找货源""找工厂""找工业品"三种搜索模式。

阿里巴巴是全球最大的 B2B 交易平台之一，包括企业对企业、零售和消费者销售门户。国际版网页（网址：https://www.alibaba.com/ ）的平台买家来自 190 多个国家。供应商可以免费注册，最多可以刊登 50 种产品，但要刊登更多产品就必须购买会员资格。

- 环球资源（网址：https://www.globalsources.com/ ）

环球资源（Global Sources）是第一个以 GSOL 名义在纳斯达克上市的 B2B 平台之一，总部位于中国，有来自全球 140 万的卖家。环球资源让供应商免费注册，最多刊登 100 种产品。

像阿里巴巴一样，环球资源可以说是一个制造商、供应商和分销商的目录，不过参与者主要是中国人。

- 中国制造网（网址：https://cn.made-in-china.com/）

中国制造网（Made-in-china）成立于1996年，是全球最受欢迎的中国在线B2B门户网站之一。它供应了超过3500种产品。这个平台支持11种语言，并有超过100万供应商，可以免费注册。中国制造网的目标主要是为中小企业提供易于访问和改进的基于网络的交易解决方案，以促进中国在全球的贸易。

从行业平台网站获取信息

很多行业平台网站都会发布一些业内公司招投标的信息。平台网站可以为会员单位提供更多供应商的选择，让他们可以选择更优质的合作商；会员单位则可以借助公开平台的流量，快速获得大量的需求信息推广，以便解决企业当务之急。

在拓展客户的时候，除了B2B平台，你还要多挖掘客户行业平台网站，类似的还有各行业协会、商会的官网，以及举办行业展会公司的网站，从中获取目标客户的企业信息。

这里给你推荐一个行业平台的集成门户网站：行业网站大全（http://www.hangyewz.com/）。

你可以根据需要浏览自己产品相关的行业网站，关注其中的招投标信息。

引擎搜索

当然，使用 B2B 平台拓展客户也会有很多不尽如人意的地方，因此我们还需要借用引擎搜索来补充获取更多信息。具体的做法是选取合适的"关键词 + 搜索指令"，找到潜在的客户公司的官方网站。

用引擎搜索的要旨是：多使用关键词组合，不要使用单一关键词去搜索。我们的搜索目标是商业网站，如果我们使用单一关键词搜索的话，结果中会包含大量的非商业网站的干扰信息，使用多个关键词组合，本质上是添加了更多的搜索限定，可以细化搜索范围，过滤掉不相干的内容。

举一个例子，比如说我们现在是一个生产无纺布的公司，那么笼统来说，几乎所有生产无纺布制品的厂家都可以是我们的潜在客户。有一类无纺布制品叫作"个人防护用品"（personal protective equipment，简称"PPE"），做 PPE 产品的厂家需要购入无纺布去加工 PPE 成品。那我们现在要怎么搜索到做 PPE 产品的商家呢？如果直接网页搜索关键词"PPE"的话，那搜索结果不止有个人防护用品的百科词条，还有（哲学、政治学、经济学专业）简称的词条，以及 PPE 材料等不相关的干扰信息，所以我们需要进一步通过多个关键词组合的形式，把搜索范围做进一步的限定，从而优化搜索结果。

那具体要怎么组合呢？

第一个方法是"细化关键词"组合，也就是"一个大类别关键词 + 一个细化类别关键词"。比如说我们这个例子里，PPE 就是一个大的类别，这个类别下面会包括很多细分的产品，比如说一次性口罩、面罩、防护服、鞋套、安全鞋等。那么我们就可以用关键词"PPE 一次性防护服"这类关键词组合去搜索。我们可以看到，当使用"PPE 一次性防护服"这个关键词搜索时，得到的结果基本上都是售卖一次性防护服的商家。

这个方法有效的逻辑就在于，做 PPE 产品的企业在自己企业的网页上也会按照这种产品分类结构去展示自己的产品信息，所以当我们限定了搜索结果中的网页要同时包含"大类别关键词 + 细化类别关键词"时，很大程度上就限定了我们搜索得到的结果就是这些目标客户的企业网站。

第二个方法是"伴随关键词"组合。也就是说，你可以不止局限于搜索你的目标产品，还有一些产品虽然不是你的直接目标，但是它经常会伴随着你的目标一起出现。比如说你的目标产品是塑料吸管，那么其实一些做食品包装的公司都可能是你的潜在目标。这些公司不只会做塑料吸管，还会涉及冷饮杯、杯盖这种产品，所以像是"冷饮杯""杯盖"这种，它们虽然不是你的目标关键词，但是和塑料吸管一起出现的"伴随关键词"。这个逻辑就有点像顺藤摸瓜，我们可以把思路拓宽一点——你想找某样东西时，往往还可以通过去找和它相关的东西迂回一下，从而获取更多的信息。

图 13-1、图 13-2 是我们分别使用不同关键词搜索得到的结果对比：当我们以"塑料吸管"为关键词进行搜索时，搜索结果中还会混杂着不少新闻快讯、百科词条这类干扰信息；当我们以关键词"塑料吸管 冷饮杯"为关键词去搜索时，搜索结果则都是以销售塑料吸管、冷饮杯的商家为主。

前两个方法都是把我们主打的产品作为切入点去寻找的潜在客户，第三个方法我们可以转换一下思路，先思考一下围绕着我们的产品进行谋生的人都属于哪些角色、其中哪些角色需要从我们手中直接购买产品。我把这个方法叫作"客户类型关键词"组合，即使用关键词"行业 + 客户类型"以及"产品类别 + 客户类型"进行搜索。这里的"客户类型"包括经销商、租赁、维修、策划、设计等，比如说我们是生产自行车成品的公司，那么我们可以把自行车提供给哪些人呢？当然是一些经销商，包括售卖自行车

精准搜索术

图 13-1　在百度以"塑料吸管"为关键词搜索的结果

图 13-2　在百度以"塑料吸管 冷饮杯"为关键词搜索的结果

· 144 ·

的门店等，此外还有提供自行车租赁服务的公司等，因此我们就可以用关键词组合"自行车租赁""自行车经销商"等去搜索。

通过以上三种关键词组合方法，再结合学过的搜索指令，我们就可以过滤掉搜索结果中的干扰信息，极大地提高搜索客户的效率。

找到目标公司的官方网站后，我们可以通过网页上标记的"首页""联系我们""合作方式"，以及官方文件的水印等位置，找到公司负责人的联系方式。

被动引流

前面我们讲的都是如何主动去寻找潜在的目标客户，其实我们还有一种被动引流的途径，也就是建立社交媒体，宣传自己的产品，吸引目标客户主动找到你。

无论你销售的是什么产品，通过社交媒体去开拓客户，都是一种最低成本且有效客户转化率最高的一种方式。公众的社交平台是一个开放的且十分广阔的流量池，你可以通过这些平台曝光给大量的潜在用户，并且有机会将用户转化为粉丝，将他们转化进私域的流量池，而进入你私域流量的这些用户，尤其是忠实粉丝，将会是为你的产品付费欲望非常大的一个群体。

整个流程是这样的：

- 在开放平台吸引公共域里的潜在客户；
- 筛选出其中需求比较强烈的人群进入个人的私域流量池，比如微信公众号；
- 让私域流量中的用户按需选择你的产品，进行付费。

这个流程说起来简单，如果你想最大化的吸引更多的潜在用户和粉丝的关注，那么必然就要在社交媒体上多花点时间和精力，最好利用业余时间马上就做起来。

用我本人的例子来说，我一开始就是利用下班后的时间，经营了自己的知乎号、微博号，在上面答答题、发发文章，有幸得到了一些粉丝的认可，进而让他们关注了我的微信公众号，也有一些粉丝会通过在行等平台找我付费咨询。后来我针对咨询者问得最多的一些问题，开发了一系列的在线课程，也都取得了很不错的销售业绩。在这个过程中，我并没有去主动联系什么潜在的客户，只不过是借助了社交平台去表达自己，从而达到了一个宣传的效果，使得有相关购买需求的人——也就是所谓的"潜在客户"主动来找到我。这实际上也是省却了一个筛选客户的过程，因为被吸引过来主动找你的这些人，他们的需求自然与你的产品是高度匹配的，而且他们的忠诚度也会比那些你主动去拉拢来的客户要高。他们的需求也会更强烈，所以自然付费意愿也要更高一些。

如果当初我没有在那些公开的社交平台去经营自己的账号，那我在一开始用知识变现的时候，去寻找潜在的用户就会比较难，而且找来的所谓"潜在客户"，付费转化率也不见得会很高。

现在社交平台非常多，每一个都有它自己的不同属性。这些社交平台给了我们普通人很多的机会去打造自己的个人品牌。那么面对这么多的社交平台，我们要怎么去选择呢？我们要先去了解这些主流社交平台的特点，然后根据个人的特点去找到最适合自己发展的社交平台。

现在做自媒体，主要有两类平台：视频类和文字类。视频类的现在比较火的有抖音、哔哩哔哩、快手、微信视频号等，主要以发布短视频内容为主；文字类的，主要有微信公众号、知乎、小红书、头条号等。至于微博，它属于短文字 + 视频混合类的。

不同平台的调性是不同的，比如公众号、头条号、小红书是以写文章为主，知乎是以问答模式为主，在行是以咨询知识变现为主，知识星球则是以付费社群为主，你需要根据个人和商品特点找到适合自己发展的平台。

如果你比较擅长做视频类，喜欢用视频的方式去交流，而你的商品也适合用视频去展示，那么你就去重点发展短视频平台。我有一个教人画画的朋友，做微信自媒体一年，粉丝也就只有几千，后来他搭上了短视频的风口，入驻了哔哩哔哩之后，通过短视频向大家展示画画的过程，几个月粉丝就突破了几十万。所以你一定要找到适合自己的赛道，选择适合自己的平台去深耕，以打磨自己的个人 IP。

无论你选择哪个平台，有两点都是不变的：一是要深耕你擅长的领域，去做持续的输出；二是要多研究平台的规则，找到提高涨粉和转化的方法，多向有经验的人学习取经，不要闭门造车。

我们总结回顾一下：首先，我们要想到要去行业相关的垂直网站去搜索，最典型的渠道是 B2B 电商平台。此外，不要忘了关注一下行业平台发布的招投标等信息；其次，用引擎搜索补充垂直渠道没搜到的信息，我们可以利用前文提到的三种关键词的组合方式，去挖掘目标公司的官方网站；最后，还有一个转化效率更高的获客方式，那就是选择一个适合展示自己的自媒体平台，去深耕个人账号，利用平台流量吸引有需求的潜在客户主动来找自己。

第十四章

积累人脉：没渠道没资源，这招教你快速链接想要找的人

几乎所有创业者都要面对的一个重要挑战——没有钱，该怎么办？

如果你的启动资金不是很多，而恰好你的家人、朋友可以资助你的话，那这件事就不成问题。但对于大部分没背景、没资源的普通人来说，亲戚朋友都靠不上，那你还可以想想去找合伙人、投资人。市场上从来不缺资本，也有大量的专业投资人也需要寻找有潜力的项目去投资，他们的需求也并不比你想拉人赞助的需求低。

所以说，只要你的点子足够有吸引力，是个好点子，那就完全不用担心拉不到投资。但问题是，如何去和那些专业的投资人搭上线呢？

我们先来分析，投资人平时都通过哪些渠道去获取投资项目的信息呢？

一般来说，他们对不同来源的项目的重视程度，或者说对成功投资的可能性有个大致的排序：认识的人创业比如朋友、同事＞认识的人推荐＞通过调研自己主动联系的项目＞通过个人邮箱及其他社交平台里主动联系自己的项目＞融资平台的项目。

其实这背后的逻辑也很好理解，对于投资人来说，他们需要高效率地筛选可投资项目，并且控制好投资风险。首先如果项目的来源是知根知底的熟人，而恰好这个熟人的判断力能信得过的话，那么就会有比较强烈的信任背书，所以成功率相比其他来源于陌生人的渠道要高。其次就是经过

自己的调研，判断有潜力的项目。再次就是来源于邮件、社交平台、融资平台等陌生人的渠道了。一个投资人邮箱里会接收海量的创业项目资料，而且质量也参差不齐，难说有什么保障。从中筛选出有投资价值的项目显然需要花很多时间精力，所以相对于其他渠道来说，这种途径不是很有优势，投资人把它排在最后情有可原。这不意味着专业的投资人会忽略这些来源的信息，因此当我们别无他法时，这些方法也值得一试。

既然知道了专业投资人链接创业者的渠道，那我们就可以据此发散一下思路，去主动联系他们。

充分调用现有人脉

最容易成功的项目是经熟人介绍的。你先翻一翻自己的通信录，看看在你的人脉里是不是有能搭上手的朋友。

你的思路尽可能发散一点，不是说一定要直接联系上投资圈的朋友，而是说要找到任何有可能链接上投资圈的人脉资源。比如说你是否有正在筹备创业的朋友，你们是否能一起分享一些结识投资人的渠道；你有没有已经成功拿到投资的朋友，他当初拿了哪家机构的投资，能不能引荐给你。

可能给你投资的人，除了你有些闲钱的亲戚朋友之外，也不仅仅只有专业的投资人、投资机构。现在很多在行业里已经做的很大的公司，都会有些投资业务，比如阿里、腾讯，这背后是企业家拓展商业版图的战略考量。即使你一时无法获得那些大企业家的投资，也可以试试去找本地的企业家，尤其是从事相关行业的当地企业家，也许他们正好也有拓展你这项业务链的需要。只要你的赚钱点子足够好，真的能实现赢利，大部分商人都不会拒绝坐等回报这样的好事，但前提是你能充分说服他们。如果要找本地的企业家，不妨多拉拉熟人关系，毕竟这种路径，因为有强烈的信任背书，会有更大的机会成功拉到投资。

如果你一时不知道该找谁帮忙，那建议你先按类别充分梳理下自己现有的人脉资源。

梳理自己的人脉，一般可以从六个方面来考虑：

第一个是家庭关系，即自己的家人和亲戚。

第二个是同学关系，即求学时代的同学、朋友，包括自己上小学、中学、大学时的同学，还包括使用学校的标签去结识的校友。校友这个共同标签会让你们更容易拉近距离，更容易产生信任和价值交换。

第三个是同事关系，即在工作时期，公司里结识的同事。因为有很多共同工作经历的磨合，大家对彼此的能力、人品也比较了解，所以我们能看到现在很多成功创业者的合伙人、投资人，最初都是从同事中找到的。

第四个是客户关系，即自己在工作中结识的、有过商务交易和合作的客户。

第五个是朋友关系。相对于前面的同学、同事、客户这些人脉来说，这里的"朋友"关系来源更宽泛一点，它或许你是在线上线下各种渠道建立的朋友圈子，比如在微博、知乎等社交平台频繁互动的朋友，QQ、微信社群结识的伙伴，线下读书会等集会结识的同伴等。

第六个是社交关系。相对于第五个朋友关系来说，这层人脉相对没那么亲密，它可以是你在线上线下各种聚会、互动过的关系，甚至是只有一面之缘的关系。这种关系的双方虽然没有达到朋友的层级，但彼此也会认识。

我们在寻找投资人的时候，不妨先从这六个方面，由近及远——梳理下自己的人脉关系，去寻找可能撬动资源的路径。毕竟我们与自己产生过关联的人更容易建立链接，从而获得帮助的机会也会更大一些。

线上搜索人脉资源的途径

除了通过身边熟人的介绍，我们还有没有渠道能链接到完全陌生的投资人呢？答案是肯定的。在信息开放的互联网上，你完全可以通过搜索链接到任何人。

但这里，我想提醒你注意的一点是，单纯地知道怎么联系到投资人，并不意味着你就能获得别人的帮助。要想建立有效的人脉关系，你们彼此要产生价值交换才行。对于获取投资人来说，重点不在于你怎么拿到他们的联系方式，而在于你的创业产品是否能真正产生价值，以及你是否能有效地向投资人传达好产品的价值，让他们看到这份投资是可以产生回报的。

人脉搜索的几种渠道如下。

1. 公共内容平台

比如知乎、微信公众号、微博等。绝大多数名人都会在这些平台上开通账号，有些会直接在上面发布联系方式。如果没有，我们还可以通过私信、留言联系他。此外，你还可以通过这些账号的名字去推测他们的微信、邮箱、Facebook、领英等其他账号的名字。

2. 社交平台

第一，通过脉脉和领英等职场社交平台；第二，你也可以直接通过在行约见；第三，通过QQ。我们可以利用QQ的群搜索功能，搜一下目标任务的公司、部门、母校等关键词，看看是否能挖掘到他所在的同事群、校友群、单位群等，然后通过管理员辗转联系上他。

3. 引擎搜索

我们可以搜索"目标人名 手机号""目标人名 微信""目标人名 联系方式""目标人名 邮箱""目标人名 微博""目标人名 事件""目标人名 演讲""目标人名 日程安排""目标人名 活动"等，或者搜索与这些词相对应的英文单词组合，例如 tel、contact、email、event、speech 等。

另外一些微信公众号的推文中有可能会有你想要的联系方式，比如说早期我会在自己的推文中留下私人微信号。很多人都像我一样，虽然这些内容在网页中没有被发布，却在公众号中被发布了。这些信息通过搜网页是搜不到的，你可以用微信内置引擎搜索到。如果你使用的是电脑浏览器，也可以试试搜狗微信搜索（网址：https://weixin.sogou.com/）。

再给你介绍一个搜索的小技巧：如果你已知至少两个目标投资人的邮箱或者其他联系方式，那么你可以把这两个投资人的邮箱或者其他联系方式放在一起在百度中搜索，你可能会找到别人整理好的投资人联络簿，其中就包含了已知的这两个投资人，借此发现更多其他投资人的联系方式。

4. 登记公司工商信息的网站

天眼查、启信宝、企查查这三个平台的功能差不多，整合了国家企业信用信息公示系统、裁判文书网、失信被执行人查询、专利查询、域名备案系统等多个方面的官方权威信息，你可以通过它们一站获取全方位的公司信息。一般上面能查到的联系方式都是企业法人、核心人员的电话和邮箱。如果需要查找某地域某类型公司的所有联系方式，你可以输入公司类型所包含的关键词，再选择地域进行筛选即可。

5. 创投数据库

比如投中网数据库（China Venture Database），网址为 https://www.chinaventure.com.cn/，是一个实时更新的在线数据库，收录了从 2000 年至今活跃在中国大陆的投资基金（VC/PE）、相关投资人和企业家，以及 VC/PE 支持的被投资企业的详细信息。你在该数据库除了可以查看细分领域外，还可以"跟踪"投资人，了解其第一手投资案例。它对于找投资方面的人脉是非常有用的。

6. 线上创投平台

比如 IT 桔子。IT 桔子是专业的投融资平台，你可以在上面查看有哪些资本注入了自己所在的创业领域，还可以站内获取相关投资人的联系方式及邮箱。你不要试图在网站上直接聊项目，正确的做法是直接要联系方式，将准备好的商业计划书发到他们的邮箱。如果没有回音，就最多再发一遍，更多就没有用了。

还要提醒你注意的一点是，我们用邮箱投递商业计划书的时候，一定要添加主题，基本格式如下："项目名 + 轮次 + 金额 + 创始人名"。你要清楚地说明基本信息，以便收件人能够一眼就了解到你是投递商业计划书的，避免邮件被当成垃圾邮件忽略掉。

线下渠道链接投资人

寻找投资人并不缺少渠道和方法。除了通过常见的一些互联网平台，还有许多线下的方式。

1. 线下创业活动

很多城市每天都会举办投融资对接交流会或者一些创业相关的宣讲会。

你可以带着项目商业计划书去参加路演，在活动现场跟相关投资人进行沟通互动。通过路演点评，你能直接收获投资人的反馈，进一步了解行业的动态，以对项目进行升级。一般这些活动会组建社群进行沟通，这也是拓展行业交际圈子的好机会。只要是符合自己创业主题的路演活动和项目宣讲，你大可以多参加一些，多认识一些投资人，扩展一下与自己项目相关的人脉。总之，线下创业活动是和行业内人士沟通交流、拓展人脉，以及吸引投资人目光的好机会。

至于活动信息，你可以在"互动吧""活动行"等活动发布平台上获取，关注一下"创业""互联网"板块，上面会不定期发布一些优质的沙龙分享活动。

互动吧的网址为 https://www.hudongba.com/shenzhen/，你可以在其左上角选择城市，下拉"所有分类"菜单栏，就能进入不同板块。

活动行的网址为 https://www.huodongxing.com/，你可以通过上方的"发现活动"入口，按时间、城市、是否付费等分类筛选活动信息。

2. 参加创业大赛

很多城市都会有当地政府与媒体合作举办的创业大赛，投资人会通过这些线下渠道获取项目信息。对项目来说，参加比赛是一个很好的亮相机会。如果在大赛中表现优异并获得了奖项，项目就自然会引起相关投资人的注意。因此，你可以选择性的参加一些自己项目比较具有竞争力的创业大赛。即使没有获奖，也不意味着白白浪费精力，你也可以趁机多了解一些别人优秀的项目策划，多认识一些相关投资人。这是链接投资人的相对好的线下方式。

获取创业大赛信息的渠道有很多，比如腾讯创业平台（网址：https://cloud.tencent.com/act/plan）。你可以在其"找大赛"板块，看到很多大赛的发布信息，也可以直接在线申请参赛。

3. 入驻创投基金/孵化器

一般的创投基金、众创空间或者创投孵化器，本身就是具有一定知名度的创投媒体，因此自然会有大量投资人对此进行关注。其内部也会有扶持创业者融资的相关政策，你可以更加便捷地获取相关信息。你要注意，入驻相关基地是需要费用的。

没能成功打动投资人怎么办？

你要确定投资人都关注哪些信息，看看自己的商业计划书中是否都涵盖到了。要注意，你投递的商业计划书一定要精炼，体现出项目的核心要点即可。它至少要包括以下几点：

● 团队：团队成员的行业背景、从业经历、行业契合度以及现有的资源。这些信息能体现出一个团队的能力。

● 项目特点：比如是否有其他人没看到的痛点和机会，产品和服务的独特之处，等等。

● 合理的商业模式：要明确项目的实现路径、企业未来的发展空间和方向，要注意整个设计一定要有可行性。

● 项目的发展现状：如果你的项目已经开始实施了，并且取得了一些数据，就要详细说明一下，包括项目的开展时间、项目目标、产品、数据、供应链搭建、销售团队、订单量等。这里可以突出体现一下项目数据的增长性，分析一下数据的增长点以及增长度。

● 项目的发展前景：阐述公司的融资思路和未来的发展方向，以及这个市场有多大、它有什么样的机会、该怎么去做、你在获得融资之后的具体发展计划。

另外，你还可以通过一些付费渠道，约见投资人收集反馈，进一步了解投资人和资本市场的需求。

我在前面介绍过可以通过在行，付费约见一些投资人。投资人通常因为这是一份收入愿意出来和你聊聊，但不见得一定会答应你的融资需求。你大可以把这当成一个绝佳的咨询机会，尤其是当你自己投递商业计划书但是反馈的效果很差的时候，你可以了解到你的项目计划有什么问题、为什么没有被资本市场看好。这时，对你来说最有价值的正是来自专业人士的意见。你需要拿自己的创业计划去和专业的投资人去碰，收获一些投资人视角的观点。无论是他们对产品的顾虑，还是对资本市场的看法，都会对你的创业思路有很多宝贵的启发，他们甚至还可以从专业角度给出一些实操建议。

怎样才能打动投资人？当然最首要的是你的项目本身素质过硬，其次也需要你有一定的包装、营销能力，准确地把你项目的价值传达出去。很多人拉不到投资，不是因为项目不行，而是因为他们把一个好项目介绍的平平无奇，没有向投资人传达好项目的价值。

如果你真的不擅长这方面，那么别忘了还有很多专业的人，他们很擅长。谈到给项目做包装、做营销，毫无疑问媒体是个中高手，毕竟在获取注意力的互联网流量时代，媒体比任何人都更擅长抓住人的眼球。有很多创投圈比较知名的创投媒体，会为创业项目提供宣传报道，比如36氪、铅笔道、小饭桌这种综合形态的创投媒体，也有猎云网、钛媒体、虎嗅网这些纯粹的媒体。

这里提到创投媒体，并不是说一定要让你通过创投媒体，去付费请他们宣传自己的创业项目，而是说你可以把它们当成一个学习的渠道。你可以看看这些专业的宣传平台，学习一下他们包装宣传项目的思路，以及看这些被宣传的项目，他们打出的用以吸引人的点，借鉴一下，用以包装和改进自己的项目。

我们总结回顾一下：解决问题要多"换位思考"，做到知己知彼，然后有针对性地去找解决思路。就拿找投资人这件事来说，首先，你要先去想，你创业有融资需求，投资人也有投资的需求，他们都是从哪些渠道去获取项目信息的呢？不同渠道分别又有哪些优劣势和特点呢？然后你再去发掘这些渠道和投资人对接上就可以了。其次，通过一番调研，我们发现投资人的信息渠道有个大致的优先级排序，熟人介绍优于自己调研，自己调研又优于邮箱投递。所以我们可以先从梳理自身人脉关系开始，去挖掘身边可用的人脉资源去介绍投资。再次，你还需要在平时注重积累创投圈的人脉资源，比如线上的职场社交平台、社群、问答社区等。最后，如果实在没办法通过熟人社交搭上关系，你还可以通过网上的公开信息拿到投资人的联系方式，比如通过官网信息、公司工商登记信息等渠道获取他们的邮箱，直接发送 BP 过去。另外，线下也有很多路演、创业大赛等活动，也是一个链接投资人比较有效的渠道。

你要尽可能抓住一切可能的机会去和投资人多接触，深入理解行业、并根据反馈意见升级优化项目方案，既然选择了创业，你就要多积极，多主动。最后祝愿辛苦创业的你都能够成功拉到投资。

第四部分

防骗篇
骗局不少,守护好钱袋子

第十五章
真假信息：这样搜索信息能避开各种坑

我们通过搜索指令、搜索工具能快速地获取大量的信息，虽然这在一定程度上可以规避一些不相关的信息，但是却无法判定它的可信度。信息的可信度直接决定了我们搜索到的东西能在多大程度上被引用、被用来做决策的辅佐。

信息甄别

下面我来聊一下什么是虚假信息、虚假信息会对我们造成什么伤害。造成虚假信息的原因是什么呢？

一、虚假信息产生的原因

传播学专家拉斯韦尔（Harold Lasswell）曾经针对信息的传播做过一个经典的5W模型分析：谁＋通过什么渠道＋向谁＋说了什么＋达成了什么样的效果。这五个环节决定了信息在传播过程中的效果和可信度。其中前三个对于我们判断和鉴别信息的真假有着重要的价值。后两个要素通常是信息发布者在传播中确保传播效果的效率判断，从一定程度上也可以被归入我们理解和判断信息真伪的评价依据中。

二、如何验证信息的真假？

1. 从源头上证实

面对看似无害的科普信息，你可以通过其实验方法的可操作性和可重复性来验证其真假，或者看其是否能提供证据。

我们还可以通过反思信息的最后受益者来判断其是否是谣言。生活里的许多谣言，之所以会屡禁不止，与利益驱动是有关系的。有的谣言纯属不同竞争对手之间的相互诋毁，有的负面新闻只是新项目为了吸引公众注意力用的方法。你只要想清楚了发布人的动机，比较其传播成本与收益，就可以判断出其是否有可能是谣言。

2. 从传播渠道证实

你可以查询信息发布渠道，或者要求传播者追溯信息来源，了解信息发布者的资质、可信性等，据此来判断信息是否是谣言。

3. 反思自身

反思自身有时候更容易防坑防骗。找工作、租房、给孩子选学校……这些都有可能成为骗子攻击的机会。那么这个时候我们就应该从以下几个方面入手：

首先，增加自己的见闻，研读相关政策文件和相关知识。

其次，明确自己的需求，从需求之间的矛盾关系和主次地位去思考。

最后，回到互联网上查询相关信息，用你正在遭遇或者正在接触的核心事件为关键词进行检索。

我们要有问题意识和批判性思维。如果信息出现相互矛盾的问题，你就要谨慎判断。有时骗局非常老套、并不高明，但是如果你过于急切、过于自负，总觉得被骗不会发生在自己身上，那么你就会有被骗的可能。搜索力的核心是驾驭信息的能力，能让信息有价值的部分主要集中在分析和判断上。

三、应对谣言的方法

下面我给大家介绍几个辟谣平台。

（1）中国互联网联合辟谣平台。这个网站还分别设有专家视角、媒体求证、真相直击、读图识谣等栏目，我想特别推荐它的案例分类专栏。它分别将谣言分为了政治、社会、文化、健康、食品和科学几个板块，既有时新性又有针对性，非常便于你增长见闻。

（2）金融投资类：中国银保监会官网。

（3）微信：腾讯举报中心。

最后我还要提醒大家，辟谣首先从止谣开始。如果你无法证实信息的真实性，就不要评论、转发，不扩大其传播范围。

总结

我们通过对信息传播的 5W 模型梳理的了解，可以得到在信息甄别上的一些思路。

一、源头甄别

我们要学会通过对信息源进行检索，判断自己是否遭遇了被坑被骗。

此外你也可以对信息发布者本身进行检索，通过对发布者的动机、利益等要素进行判断，觉察信息的可信度，增强防坑防骗意识。

二、渠道甄别

传播渠道决定了我们听到了什么，因此对于传播渠道的甄别有利于我们考察信息的可信性。传播渠道的层级也决定了你是否处于信息传播的被动境地。掌握权威、官方、公信力高的传播渠道有利于我们判断自己是否遭遇了被坑被骗的境遇。

三、自我甄别

有的时候，我们会被坑被骗是因为我们自身有人性的弱点、认知的盲区。我们的视角只对着外部却忘记了自我审视——灯下黑。我们自身恰恰是被坑被骗的切入点。如果我们也能像骗子分析我们那样对自己进行分析，进行相关检索，就有可能实现防坑防骗的目标。

对策建议

我们从信息真假的角度对搜索进行了新的认识。这里的核心逻辑是：搜索力不仅是占据信息的能力，还是分析判断信息的能力。

据此，我还想给大家一个与信息共处的小建议：你可以把接收到的信息分为"紧急且与我有关""紧急但与我无关""不紧急但与我有关""不紧急也与我无关"四种。你只有集中精力才更能有效甄别信息。三人成虎、众口铄金，任何人都会有信息过载负担。

对于这四个不同象限，我们分别做不同的对待。

第一象限（紧急且与我有关）：认真甄别，主动检索，保持关注，做好应对预案。

第二象限（不紧急但与我有关）：等待时间会做出检验。

这里的等待，并不是完全被动地等待，而是可以在事情还没有这么紧迫的时候，去"养"一些权威的信息和渠道。比如你有创业的打算、毕业后进四大会计师事务所的打算、留学的计划，你可以先了解一些政策文件，追踪一些信息的发展变化。

此外，搜索的能力来自好的问题意识，好的问题意识有时候来自对信息的消化能力。消化速度决定了你的检索速度。搜索还不够熟练的我们需要时间去建立这种搜索逻辑构建能力。因此一个好的搜索逻辑和思路，通常不是一蹴而就的，需要反复琢磨。

这一部分通常也决定了你在第一象限的检索能力。你应该把大量的时间和精力放在这一部分的训练上。

至于第三象限（紧急但与我无关）和第四象限（不紧急也与我无关），无论是否紧急，只要与我无关，你就要做到不评论、不转发。只有有所取舍，才能有所精进。

我们一起来回顾一下。我们首先对信息的甄别进行了一个概述，分析了虚假信息产生的原因和造成我们被坑被骗的原因。其次我们通过谣言深化了对信息甄别的认识。最后我们对甄别思路进行了总结：源头、渠道和自我甄别。我想给你一个四象限法的小建议：将海量信息进行梳理，用二八法则增进通过搜索甄别信息的能力。

第十六章
源头甄别：选对信息源头，远离各种陷阱

从源头上杜绝虚假信息有两个主要的方面：一个方面是证实信息描述的这个中心事物/人物本身的真实性，也就是搜索事件本身的真相，建立我们自己的元认知，借此来判断我们遇到的信息的真假，由此达到防坑防骗的目标；另一个方面是要从信息传播的角度上证实信息本身的真实性，通过对信息发布者的动机、成本收益比较等方面来思考他是否可能中立、客观地描述信息。

我们先从证实事件（人物）的真实性开始。我们从以下几个常见的生活场景来看一下。

求学

许多人希望通过提升学历来增强自己在职场上的砝码，那么选择一个好导师就变得至关重要。那么你需要明确你的搜索逻辑——什么样的导师才是好导师。

好导师需要有好的学术能力。

评价一个导师的学术能力基于两个方面：一是著作、论文的数量与质量；二是科研项目的数量与质量。

一、通过学校官网搜索导师的学术简历

一般来说，现在各大高校在招生网站上都会附上招生导师的学术简历。

例如搜索"南开大学"，在其官网首页的专业院系中选择相关院系，在师资力量中你就可以找到相关导师的名单，点击进入你就可以看到该导师的具体学术简历。

二、通过中国知网查询导师的主要论文发表情况及其影响因子

你可以去中国知网等网站检索导师研究成果的含金量。

进入中国知网，搜索导师的名字（可以附以工作单位信息来限定准确性）你就可以得出相关数据信息。在"导出与分析"中，你可以对文章的级别和所属的基金级别进行统计。此外，我们也可以对文章的含金量级别进行了解。

三、通过国家基金库对导师的项目进行查询

科研项目受到基金资助的情况通常代表着该项目在学术领域内的价值和意义。我们可以在国家基金库中对导师的项目进行检索，综合分析项目的背景、研究内容、基金的级别，从而对导师的科研能力进行全面评估和判断。

此外，我还要友情提醒一下大家，你们也要关注导师的行政职务。这是一把双刃剑，既可能给你带来更多的机会和资源，也意味着导师很忙，更多的时候你需要自学、自律和强大的问题意识。

当然，导师的人品也是我们选择导师的一个重要标准，师德、师风问题要成为我们考察的方面。

招聘

人力资源有一项工作是核实应聘者的简历信息。他们最关注的两个信息就是应聘者的学历和证书的信息。

一、搜索应聘者就读的学校

搜索一个人就读的学校,你可以登录教育部官网来查询,国内和国外高校的网站分别如下。

1. 国内高校的搜索

我们可以登录教育部网站,在那里,你可以看到部属的所有院校名单。

2. 国外高校的搜索

教育部网站的底端有一个"教育部相关网站",你可以找"教育涉外信息监管网",进入搜索相关高校的情况。通过这些查询你就可以确定应聘者的学历含金量了。

二、检索应聘者学历和学位证书的真实性

此外,你也可以通过学信网查询应聘者的学历和学位证书。学历学位证书上的编号都是唯一的,通过验证它们,你可以认定其学历的含金量。

三、检索应聘者提供的相关从业证书的情况

评价一个应聘者的相关职业能力,你还要对其职业技能证书和从业证书进行验证。你可以根据其提供的证书复印件,通过"中国人事考试网"查询他的证书编号以确认其证书的真伪。

选择中介服务

随着社会分工的精细化和服务产业的升级，我们经常要跟许多中介行业打交道。

一、寻找合作伙伴

了解合作伙伴的情况，对于规避投资风险、防止经济损失来说是必要的前期工作。你可以通过企查查和天眼查来进行投资关系、舆论风险、法律诉讼等方面的了解。

二、医生查询

前些年，甚嚣尘上的莆田系医院给公众留下了深刻印象。你可以登录国家卫健委网站，在服务一栏，有名单查询和信息查询。你可以查询医院资质和医师从医资格。这样你就可以规避不必要的医疗风险。

此外，你还可以通过对于三甲医院官网查询医生的职业归属情况，以免落入三甲医院名医到地方坐诊的"坑"。

三、律师查询

当我们身陷司法纠纷时，秉承专业的人做专业的事，我们会进行法律咨询，甚至谋求法律服务，但是专业的服务也意味着我们在信息上与对方的不对等，怎么能保证我们的初衷能够得到落实呢？我们可以登录中国裁判文书网，对案件、卷宗、律师等信息进行查询，这样你就会对律师的业务能力有一个基本的了解。这有助于我们选到适合我们的法律顾问。

婚恋

单身人士有与陌生人相亲、交友的生活需求。我们仍然可以从明确搜索逻辑入手开始甄别。我们对对方的要求，可以分为两方面：具备基本的道德素养，遵守公序良俗；满足我们对性格、脾气、三观等方面的要求。

一、硬性条件检索

第一个方面，我们可以登录刚才讲到的中国裁判文书网等官方网站来查询你的交友对象是否有记录在案的司法判决，通过其在刑事、民事、财产、社会公德等方面具体情况判断其诚信和有无重大道德污点。若对方有自己声称的公司或知名合作伙伴，你也可以通过天眼查、企查查来证实其所言非虚。

二、软性条件检索

第二个方面，我们可以通过浏览对方的QQ空间、微信朋友圈、微博、知乎等网络账号，了解对方的三观、审美、生活追求等。我们处于信息社会，你要确保其在互联网上的人设与其日常生活的基本人设是一致的。你也可以注意各软件信息的交叉验证。

总结

我们通过求学、招聘、选择中介服务和婚恋四个场景，对于信息事件本身的真相进行了一个信息甄别。但是我们发现在信息源头甄别方面，我们还有可能遇到另一种可能使信息在传播过程中出现源头失真的情况，因此我们下面一起从传播学的角度来看看，如何对信息发布主体进行信息甄别，从这个角度来谈谈防坑防骗。

从传播的角度看，信息的发布者，他的自身特点会决定这条信息的质量，比如发布者的学历、性格、社会地位和威望、工作和专业领域的能力、以往的生活经验……比如关于育儿的经验，你会听从学过儿童心理学的二胎妈妈的建议还是一个涉世未深爱读书的大学生的建议呢？

因此对信息发布者的追溯有助于我们从源头上判断信息的信度和效度。

一、证据回溯识别法

例如我们经常会看到一些科普类的新闻，这些新闻通常会在我们了解和应用新技术方面给我们一些启发或者成为我们判断的依据。但是我们经常发现这些科普信息之间是矛盾的，这让我们无所适从。那到底应该怎么做呢？我们的建议是，在新闻中寻找两个信息：①这个观点是否有证据支持；②它提供的证据，是否真实可靠？

首先我们来看第一条，这个观点是否有证据支持。

2019年，作为诺贝尔奖得主DNA之父的詹姆斯·沃森，在公开场合发表言论，表示对非洲的前景感到悲观，认为所有的研究测试都表明非洲黑人的智力与欧洲白人的智力不一样。后来，沃森遭到他所供职的冷泉港实验室免职，被收回一切荣誉和头衔。由此可见，不能提供科学证据的学术权威也不能轻易相信。

第二条，证据的可靠性检验。

作为科学实验，我们对于证据的要求分为三个部分：①真实存在；②来自观察或实验；③实验方法的可重复性。

首先，一般来说，科普文章都是有参考文献的，你可以通过点击链接去核实这些证据的真实性；其次，科学结论都是通过科学实验得出的，那么有无观察过程和实验方法也是我们判断的依据。

此外，我们可以对信息所涉及的图片进行检索，通过查找图片的来源与出处，判断信息的准确性。这有助于我们做出更正确的判断和决策。

二、利益动机识别法

此外，传播者的动机也决定了信息的质量。传播者本身的传播意图决定了他会说什么，以及想要达到什么效果。这一点在金融、营销类的场景下最显著。有的时候什么人来说、为什么说比说了什么更重要。

我们可以通过比较其发布动机和发布的成本收益比较来考虑其是否有信息失真的企图，也可以从有公信力的权威无利害冲突渠道来获取信息。

三、情绪态度识别法

以防坑防骗为目标来识别信息的真假，对于信息本身有着一定的情感特点的要求——中立、客观。我们平时读文章都喜欢读那些有态度、有温度的文章，并认为这样的观点是我们增长见闻的一个重要判断依据。但是这种审美标准与防坑防骗的目标还是有一定的区别的。这些有态度、有温度的文章，它们有时会通过变换观察的视角来影响我们的认知。我们在防坑防骗时需要寻找的不是符合我们心理预期的支持，而是要看清事情的本来面目。这样我们才能跳出思维定式，看破他人的目的，建立公允的信息甄别标准。

我们要对信息进行陈述和评论的分类：我们可以直接作为依据的是那些客观中立的陈述；评论也并非完全不可信，但是我们应该继续对它进行甄别，例如从整篇行文字里行间流露出来的情绪倾向来判断是否具有强烈的情感倾向。

我们对发布者的发布情绪态度的判断,也是确定其是否可以被采信的重要标准之一。

我们总结一下:一是我们可以将信息源头拆解为信息真相本身和信息发布者两方面,对信息进行验证。二是我们可以分别运用证据回溯、利益动机识别、情绪态度识别三种方法来对信息进行检索,以达到防坑防骗的目的。

第十七章

渠道甄别：用好权威渠道和信息核实渠道

有的时候，传播过程中，传播媒介的扭曲、夸大、断章取义，会给我们带来理解上的歧义，造成我们在判断和决策上的困难。最典型的就是新闻的标题党现象。

因此，为了提高决策的效率和信度，我们应该谨慎地选择我们获取信息的渠道。接下来我们一起来了解一下如何从信息获取渠道上来提高信息甄别的能力。

我们要通过权威网站来获取高质量信息。

你每天上网，一打开手机、电脑，不同的软件和客户端都会不停地给你推送各种各样的信息，通常你会点开哪些进去看呢？许多人的回答可能是："谁的发布速度最快，谁的标题最吸引人，我就会最有可能点开谁的看。"但是你会发现，这样的做法很有可能踩坑。

这时我就要给你一点小建议：比看什么新闻更重要的，是去哪看新闻。我推荐两个渠道：权威网站和官网。

权威网站

权威网站是指政府的官媒和舆论界口碑良好的网站。

在这里我想推荐几个被广泛认可的权威网站：

| 第四部分 | | 防骗篇 | 骗局不少，守护好钱袋子

新闻类：人民网、新华网。

信息类：国务院下属各部委网站、各地政府政务信息公开网站。

学术类：中国知网、万方。

决策参考类：国家统计局官网、阿里研究院、腾讯研究院、麦肯锡咨询。

官网

这里的官网指的是你所需要的产品厂家的官方网站、考取高校的官方网站、使用软件的官方网站等。你只要登录一下官网就能够得到最便捷、最准确的信息，对于保证财产安全和决策准确是一项基本的意识。

下面我们就给予一些基本的搜索官网的小技巧：

政府网站类：网页后缀一般有 gov 字样。

学校网站类：网页后缀一般有 edu 字样。

你也可以通过实体产品给出的二维码扫描进行登录查询，这些都是不错的方法。你可以试一下。

依靠群众雪亮的眼睛

我们在渠道甄别上还可以通过公信力方向来进行尝试。如果说上文是基于政府和生产者的权威发布来甄别，下文我们讲的就是基于群众雪亮的眼睛来甄别。你有没有这种情况，在遇到一些问题时，并不知道应该找谁来进行甄别，我们不认识权威专家，也不了解这个行业的基本情况。那么我们该怎么来进行信息检索得到可靠安全的信息呢？我想我们可以依靠群众。

比如，你想了解所在的城市有哪些早教品牌？每个品牌都有哪些早教理念？这些早教机构的这些理念到底都能执行多少？适合什么样的孩子？早教的费用怎么就算合理？……这些问题并没有一个权威的网站可以给你答案，这时你会怎么做？

我想你可以通过以下几种方式来帮助你做决策：

● 加入所在单位、所住小区的宝爸宝妈群，进行咨询。

● 登录58同城、大众点评网进行商家查询。

● 通过企查查、天眼查等软件对企业进行法人、注册信息、有无正在诉讼的案件等进行了解。

● 登录一些辟谣网站，对于前面查到的相关信息进行核实。

再比如，你有装修需求，你仍然可以通过以下几种方式来甄别：

● 加入所在小区的业主群，咨询装修信息，甚至可以请求到对方家里观摩装修效果。

● 可以登录58同城、大众点评网了解商家的用户评价。

● 通过最高法院网和国家企业信用信息公示系统对企业进行法人、债务信息等方面进行了解。

● 登录一些辟谣平台，对于前面查到的相关信息进行核实。

通过这两个例子，大家获得要点了吗？举一反三，大家还可以用公信力来做什么事呢？

在应聘的时候，你要了解一下这个企业的工作舒适度如何（会不会经常加班？会不会拖欠工资？会不会同事关系紧张？）。

旅行之前，你可以了解这个景点如何游玩才更有趣还不累（景点贵不贵？周围有没有吃饭、住宿的地方？可进入性如何？与其他景点距离的远近？观赏度如何？）。

备考之前，你可以了解这所大学、这个专业、这个导师如何、就业前景怎样、学习强度是否能够接受、是否能够学到东西、科研实力如何。

在这里我想推荐几个小工具：

- 企查查；
- 天眼查；
- 辟谣平台；
- 教育部相关网站。

通过中华人民共和国教育部政府门户网站http://www.moe.gov.cn/，你可查询国内2688所普通高校和268所成人高校的详细信息。

在这里我想跟你分享几个判断标准：

- 是否存在同业竞争的恶意差评？
- 是否存在商家自己的刷单、刷评价行为？
- 是否存在自己在几次体验后发现与平台给出的评价不一致的情况？
- 是否存在自己需要的关心的决策数据缺失的情况？

介绍到这里，你已经能够懂得渠道甄别的两个核心标准"权威"和"公信力"。但是在实操中可能我们还会遇到一些小困惑。那就是如果两者都靠不上，我们还有其他的方法可以鉴别渠道的可信度吗？

方法还是有的，我们再给你提供最后一条判断标准——选择独立（无利害冲突）的第三方渠道进行验证。

遇到购物网站的链接可不可以点击呢？

答案当然是不可以。它有可能是一条诈骗短信。

我们的正确做法是，回到我们的购买平台去查询我们所购之物的物流状态，跟平台客服去核实。这时，平台就是相对于给你发信息的一方和你自己之外的独立第三方。

我们总结回顾一下：首先我们分析了渠道可能产生失真的原因是传播媒介的扭曲、夸大、断章取义，这给我们带来了理解的歧义，容易给我们的决策带来困扰。我们有三个方法进行解决：第一是权威原则。我们要通过权威网站来规避风险。第二是公信力原则。我们要通过一些公众认可的评价平台、辟谣打假平台来进行搜索。第三是选择独立（无利害冲突）的第三方渠道验证原则。我们通过收到退款链接案例来帮助你理解，最后不要忘记通过增加第三方个数来增强信息的可信度。

第五部分

思维篇
打通搜索思维,助力职场生活,人生轻松逆袭

第十八章
搜索逻辑：搜索小白成为大神的必备逻辑

搜索归根结底要弄清楚三个问题：搜什么？去哪搜？怎么搜？

这三个问题中，"搜什么"是解决搜索问题的重中之重。你要清楚"去哪搜"这个问题。你只要知道什么时候要用搜索引擎、什么时候该用什么垂直网站就行。对于"怎么搜"这个问题，你只需了解一点点搜索逻辑，会提取关键词，再加上掌握一点点语法，也没有什么难度。真正能区分出高手和小白的，是"该搜什么"这个问题。如何分析问题、如何界定要搜索什么对象，直接决定了你是否能准确搜到你想要的信息，以及你会花多长时间解决问题。搜索高手在这个问题上具有更为老到犀利的眼光。

搜索之前，先界定问题

面对一个问题，最佳做法往往不是贸然去解决，而是先分析它、挖掘其本质。正如我们考试的时候，首要任务是"认真审题"一样，在开始搜索之前，我们也一定要先认真审题，要清楚你该做什么、要实现哪些目的、能调动哪些资源……然后才能思考如何去解题。有些人马马虎虎，错解了题意，解题方向跑偏，最后就是"我搜了，但是怎么也搜不到我要的信息"。还有一种，审题审对了，但是没找到合适的方法，他花了一天做完的工作，别人只需几分钟就搞定了。

精准搜索术

我曾经讲过一个例子。我的一个朋友，想要搜"海外销售代表的薪酬待遇"，我们以此为关键词，随手就能搜到有关这个职业的薪酬调研报告，然而他却说这不是他想要的资料。经过了解我才知道，原来他们公司想在某国找一个当地人帮忙跑业务，要了解一下这个职位在当地的薪酬待遇。这就属于"错解了题意"的典型代表。正确的做法应当是，找一个当地所用的招聘类垂直网站，将地址定位到当地，查看上面发布的有关这个职位的招聘信息，从而了解薪酬待遇。由此可见，如何界定问题，直接决定你能否准确搜到信息。

此外，如何界定问题也直接决定了你要花多久才能解决问题。比如我的另一个学员小远，有一回负责核对Excel中录入的身份证号码。这个问题怎么解决呢？对照身份证一张一张地比对吗？很多人下意识地认为，Excel不是有个自动朗读的功能吗？让电脑读，你在一边拿着身份证一张一张比对，就把问题解决了。

但是这么一个一个核对太麻烦了，而且时间一长，人的精力有限，难免走神，有没有更简单的方法呢？其实核对身份证这个需求是很常见的，很多人应该都做过，我们不妨先看看别人是怎么解决的。我们上网搜索"核对身份证"，会发现原来身份证号码是有规律的，前6位是地区编号，中间8位是出生年月，第15、第16位数字表示所在地的派出所的代码，第17位数字表示性别——奇数表示男性，偶数表示女性，第18位数字是校检码。也就是说，身份证号码的第18位是基于前17位，根据一个固定的公式计算出来的。这样一来问题就好办了，我们只需知道这个公式，将其套用在每个身份证号码上计算一下，就可以知道对不对了。这个通过计算校验的过程在Excel中很容易实现。想到这里，一些很有执行力的人马上就会动手搜索了：先详细搜一下这个公式到底是什么，然后再搜一些Excel学习

| 第五部分 | 思维篇 | 打通搜索思维，助力职场生活，人生轻松逆袭

资料，学习一下 Excel 的函数功能，了解一下代码编写语言，编写一条校验公式代码，接着应用到表格里，就能一键校验核对了。

然而这个方法虽然不用人工校对，但是在执行"一键校对"之前，你还得现学一些有关函数、嵌套的知识。对于一些不善于此的人来说，一时半会依然搞不定。我们再深入琢磨一下：有没有人家已经写好的公式，如果有的话，直接复制粘贴过来不就行了？基于这个想法，我们上网一搜"核对身份证 Excel"，果不其然，百度经验里一条"如何用 Excel 公式一步校验身份证号码准确性"的回答，里面恰好就有这个公式，你只需直接把它粘贴到 Excel 里，根据说明做适当修改就能用了。

在这个案例里，如果你把问题界定为"检查录入 Excel 的号码是否与身份证上的号码一致"，立马就开始上手一条一条对照身份证，那么比对完几千条差不多一天就过去了；经过调查，了解到身份证号码规律之后，你把问题界定为"编写一条 Excel 函数公式，检验录入 Excel 的号码是否真实有效"，那么你通过学习这条不算特别复杂的函数并应用它完成校验，最多不超过半天；如果你界定的问题是"找到一条用来校验身份证号码真实性的 Excel 函数公式"，那么你从搜索到公式，到复制粘贴、稍作修改完成校验，总共用时可能不超过十分钟。

由此可见，解决同一个问题，你如何描述问题、界定问题，直接决定了你能把事情做得多好多快。

如何提高界定问题的能力？

经常有学员问我："老师，为什么你能想到要这么搜，我却想不到？"搜索素养的形成来源于大量的经验积累，人们常说"读书破万卷，下笔如

有神"，搜索也一样。你搜索的思路开不开阔，基本上取决于你在这两方面经验上有没有大量的积累。

第一种经验：要知道这个世界都有什么信息资源可供利用。你只有知道你都有哪些东西能用，在解决问题时才有可能想起来要用它。你要找免费视频时就可以去网盘搜索网站搜一搜；你要做数据分析时，就可以查一查官方公布的数据，这些可信度更高；如果你要找经验找攻略，去贴吧和论坛逛逛再合适不过了……互联网上有海量的免费资源，我们平时在搜索时，就有可能在不经意间意外收获一些新的网站和资源，这时你就要顺手把它们积累下来。我们平时要多去搜索，在发现新资源的时候多去尝试、多做收藏和积累，不断拓宽自己的信息面。

第二种经验：在分析问题、解决问题时，要优化自己的思维方式。也就是说，你已经有了那么多资源，你要知道怎么去利用它们，以及如何利用它们。如果你在这方面的经验不足，那不妨在每次遇到问题时，多去搜一搜别人的攻略，根据别人提供的线索和思路，自己深入琢磨出一个最优解。这种方式不仅能解决你当前的问题，也能为你今后解决其他问题积累经验。

总而言之，你现在越是觉得自己对搜索力不从心、无从下手，越是要多去搜索、多做尝试，搜得多了自然就能形成一种思维反射，再遇到某一类问题时，下意识地就会联想到你需要搜哪些信息、去哪里搜信息。

选择恰当的渠道，提高搜索效率

在上一步中，我们已经确定了要搜索哪些话题、哪些类型的资源，到了这一步，我们很自然就能确定要选择哪些合适的渠道去搜索，即解决

"去哪搜"的问题。我在前面的课程中介绍了不少各类资源的垂直网站，你对应着要找的资源类型，基本都可以找得到。

不过你要记住，我们搜索有一个基础原则，那就是——有更加垂直的渠道，就尽可能先用垂直渠道，搜索学术论文你可以用知网、必应、百度学术；搜索视频、模板等资源你可以直接用盘搜和磁力链接；想看数据统计你可以上各大官方数据发布平台、咨询公司官网以及各大指数平台；想看攻略和经验你可以逛逛某个话题相关的论坛社区；想要学习高质量网课你可以去慕课、哔哩哔哩这些视频网站；想找电子书资源你就上鸠摩搜书等。搜不到，或者没有思路，你再用百度。这里的百度，我泛指综合类搜索引擎。

怎么搜：抽取关键词、构造检索式

在选择好搜索渠道之后，我们还要思考，如何向搜索引擎表达清楚搜索需求。什么样的搜索指令会让你的搜索更加直接而高效？你需要直接到达的信息终点在哪里？不准确的检索会让你花费大量的时间精力。更加令人郁闷的是，也许你闷头挑了半天资料之后，庞杂的资料反而扰乱了你的思路。

如何更高效地向搜索引擎表达诉求呢？我们有一个公式，也就是检索式。这个公式由三个要素构成，即关键词、搜索指令和布尔逻辑。这三点我已经在前文中详细论述过，此处不再赘述。

搜索修正——搜索没有绝对的终点

输入搜索指令，敲下回车键，检索到的结果就会一条一条呈现在我们眼前。其实，真正有效的信息一两个网页就够了。如果打开的网页过多，信息太过零碎反而会降低我们搜索的效率。因此我建议你采取不翻页的原则。如果第一页中完全没有搜到你想要的结果，那不如尽快修正关键词、优化检索策略，重新搜索。

虽然我们设想的很理想，希望一招即中，但往往我们要解决的问题，通常都更为复杂，需要进行二次搜索。你需要打开新的搜索路径或者重新定义需求。这里就需要我们重新审视之前的检索策略，包括重新分析问题需求、根据梳理调整的新需求去选择更合适的搜索工具、重新构造检索式、进一步筛选检索结果，以达到优化的目的。

我们总结回顾一下。一个搜索高手在面对问题时，会从问题的本质出发，先定义搜索需求和搜索目标，进而选择合适的工具，使用恰当的检索式限定搜索结果，然后对搜索结果进行检视和反思，进而反过头来去总结和优化搜索的思路。整个搜索过程往往不是一个单向通行的直线链条，而是一个多次重复的闭环，我们要在闭环中不断优化搜索思路，直到得到满意的检索结果为止。也就是说，通过分析和反思每次搜索的结果会反哺你分析问题的素养。在这样的一次次循环中，你界定问题的眼光也就逐渐老道起来了。

第十九章

探索精神：在探索中打通搜索精进的内核

《穷爸爸富爸爸》里提到了这样一个故事：主人想让驴子为他拉车，于是在驴子面前挂了一根胡萝卜，驴子为了追赶胡萝卜，就只能不停地向前奔跑。主人清楚自己想要去哪里，而驴子始终追逐的却只是一个幻影。然而第二天驴子依然要给主人拉车，因为主人又会把胡萝卜放在它面前。

这只驴子一直为眼前的胡萝卜追逐，却始终也不会吃到它。如果这只驴子能进一步了解到全部事实，那它也许会发现自己未必需要追赶那根胡萝卜。

有时我们也会像这只驴子一样"犯傻"，受困于眼前所见的紧迫和欲望，未经深入思考就做出即时的反应，一门心思放在眼前的"胡萝卜"上。比如领导下达了任务，直接就按照指示埋头开干，有时候费时费力却依然不能让人满意；比如面对一个艰巨的任务，满眼看到的都是种种自己难以攻克的困难，最后只能来一句"横竖我是没那个能力，倒不如直接躺平，享受眼前的安逸"，于是错失了锻炼自己、闯出一番天地的机遇……

手头的紧急任务、眼前的安逸享受都是胡萝卜，我们只关注眼前所见，疏于深思，就很容易陷入"陷阱"里去。若要摆脱胡萝卜陷阱，我们就需要一种凡事多问几个疑问句的"探索精神"——遇事多去深究背后的本质，遇到麻烦多去想想如何解决，遇到新事物多去接触和了解，主动去探索更多的资源和工具，多去尝试一些新鲜的东西。如果我们能秉持这一份探索精神去做事，结果往往会大不一样。

光是这样说可能太过抽象，下面我举几个例子，一起来直观感受一下有探索精神的处事方法会给人们带来多大的改变。

有一回，一个朋友要我帮忙处理一份 PDF 文件。当初为了打印方便，他把这份原本两页内容的 PDF 拼接到一起，放到一页里了，也就是说，这份 PDF 本来有 280 页，被拼接合并之后变成了 140 页。现在由于业务需要，他又得把它重新合并成 280 页。朋友和我说，他们都是用 Photoshop 软件一页一页地把画面裁开，然后重新合成新的 PDF 文件。这个工作量不小，希望我能尽快搞定。

这个工作任务被描述得很具体、很直接，乍一听，我要先把 140 页 PDF 导入 Photoshop 软件，把每一页都分成两页，重复 140 次，然后导出 280 份 Photoshop 文件，再把它们合成一份 PDF。假设我 Photoshop 软件用得极其纯熟，处理好一页用时半分钟，那么 140 页就需要 70 分钟，再算上把文件导入、导出、电脑运行等待的时间，以及研究怎么把多个 Photoshop 导出文件合成为一个 PDF 文件，粗略估计我差不多需要花两三个小时。可问题是，我 Photoshop 软件技能也不算很熟悉，还需要临时学习一下不少功能，而且一旦上手去做，会遇到多少新问题也说不准。由此看来，我几乎要花费一个下午来搞定这事。

想到这，任务压力几乎扑面而来，要想满足朋友"尽量快"的要求，我只有快马加鞭地立即开干。其结果就会是我浪费整整半天时间在这样一件机械重复、毫无创造性的工作上面。

如果我们不局限于别人给出的这个现成方法，转而去探索一下呢？有没有更快更方便的做法呢？于是我上网搜索有关"PDF 裁切"的内容，很快发现了不少 PDF 工具。经过比较，我发现一个叫"万彩办公大师"的软件还不错，里面有一个"PDF 页面分割"的工具。我按照说明导入 PDF 文件，简单设置了几个参数，就直接导出了分割好的文件。整个过程，从我开始搜索到最终获得分割好的文件，一共只用了二十多分钟——这对效率的提高是极其可观的。

此外，我还收获了一个很宝藏的新工具，它不只能帮忙编辑 PDF，还能实现文件格式转换、OCR 识别、屏幕录制、文件批量编辑等功能，顺带解决了我其他的很多工作问题。

从这个例子中，我们可以看到，有时候哪怕只是多一步的探究，也会带来做事效率大幅度的提升，而且还能收获新的工具和资源。我在自己的高效课中，也分享过不少用来提高工作效率和工作质量的方法，比如用 SOP 规范做事流程，用模板来解决流程化、重复性工作等。像是这些有关如何提高效率的巧思，都源自探索的精神——不甘于只是为了赶上完成期限、应付差事地完成手头任务的探究精神。我们要多思考一下自己为什么要做这些？有没有更好的办法？在完成任务之余，你就会收获不少新工具、新的思维。搜索素养的提高来自日常的积累，而探索精神，正是为推动这种积累提供源源不断动力的马达。

不止如此，探索精神还是创造性解决问题的必需品。我们遇到的很多问题并没有现成的答案。通过搜索和探究，我们可以找到解决问题的方法和线索，然后结合自己的积累创造性地解决它。随着技术的进步和社会信息化的发展，这种解决问题的逻辑更为常见。

我在开发学习力课程的时候，编辑反馈给我一项需求：为了方便后期人员的工作，我要把第几页 PPT 对应哪些文字在 Word 文稿里体现出来，也就是我要把课稿按照 PPT 分页来分段，给每段都标上序号（序号就是这段文字所对应的 PPT 的页码）。

这个问题怎么解决呢？我当然可以一边分段一边手打上序号，做起来也不算太麻烦。然而这么做有一个潜在的问题：万一后面要修改当前的分段，比如在中间插入一段或删减一段，又或者是要调整段落的前后顺序，那我岂不是又要挨个手动修正受影响的序号？

如果 Word 能根据我的修改，自动帮我调整编号就好了——那么 Word 有没有这个功能？有！我们都用过 Word 的自动项目编号功能，它能做到自动修正编号。但是这样依然有问题——在 Word 里，只要一换行，就会自动生成一个编号。也就是说，每一个自然段都会被编号，然而一页 PPT 对应的文稿不止有一个自然段的文字，那怎么办呢？

直接上网搜，我搜不到其他人有同样的需求。暂时没办法借鉴别人现成的经验，我只能运用能搜到的资源自己琢磨。

我发现，在 Word 里复制一个项目编号，把它粘贴到任意位置，就可以实现跨自然段编号了。具体的做法是：先在第一页 PPT 的位置用编号的功能打上第一个编号"1"，然后复制这个编号"1"，在粘贴的时候把粘贴格式设置成"继续列表"，接着想在哪里分段，就直接 Ctrl+V 到哪里，序号会自动变成 2/3/4/5/6……这样依次排列下去。后面修改段落的时候，序号也会自动改变。

当然，后面我又发现了 Word 的替换功能。在编辑文稿的时候，我有意识地在格式上做了分段区分，即在 PPT 分页的位置，前后两段之间加入了一个空行；在一页 PPT 里的内容，前后两个自然段之间没有空行。如此一来，在完成全稿之后，我只要用"替换"功能，把有两个转行符号的地方，替换成序号就可以了。

在这个例子里，虽然我找不到能完全契合自己需求的解决办法，但是利用现有的 Word 应用知识，结合逻辑做了适当变通，也找到了创造性的方法。当然 Word 的功能十分强大，也许还有更多更好的思路我没发现，这里就请大家不妨做个练习，开动脑筋，集思广益，探索一下其他的解决思路。

综上所述，探究可以提升解决问题的效率和质量，探究也可以积累更多经验、资源和工具，获得能力的提升，探究还能创造性地解决问题，帮助我们一路打怪升级。探究精神是我们不可或缺的一笔宝贵财富。

既然探索精神如此重要，那么它又和搜索有什么关系呢？

互联网为我们解决问题提供了资源、工具和方法，探究的过程就是找到这些资源、工具和方法并将它们运用到具体的实践中。在这个过程中，搜索至关重要。通过搜索，我们可以快速地搭建问题与所需资源、工具和方法之间的桥梁。搜索是实践探究精神的重要驱动力。也就是说，在信息时代，搜索是探索精神得以实现的一个有力工具。我们可以通过搜索来获得要探索的答案。

探索精神反过来也会驱动我们在搜索中发现新的资源、新的思维，进而反哺我们的信息素养，从而精进我们的搜索能力。在搜索逻辑的每一次闭环中，在得到搜索结果之后，我们对结果的检视、反思，继而对检索方式的重新修正、优化，都会提高我们搜索信息的速度和准确度。这就是一种探索。我们每次搜到新的工具、资源后，要思考怎么在工作中去应用它、怎么用它去优化完善自己现有的思维方法体系，从而不断锤炼自己分析、解决问题的能力。这也是一种探索。

因此，在互联网时代，探索精神与搜索，是一种相互依存、相互促进的关系。

那么我们要如何在生活中践行探索精神、在探索中打通搜索精进的内核呢？我总结了以下四点：

第一点是要有信息意识。

要知道，互联网上有海量的信息、资源和工具，我们需要做的就是——通过搜索去发现它们。要做一个有探索精神的人，当遇到事情，尤其是遇到困难事情的时候，不要抱怨，不要丧气，你要通过自己的努力去解决。搜索信息往往是开始努力的起点。

你要学会通过互联网搜索解决问题的思路、方法、资源、工具，然后实践验证，在实践的过程做出自己的分析、质疑和创新。如果遇到新问题你就进一步搜索验证，直到解决问题。有时候你还要根据探究的结果结合自己的积累做出创新，创造性地解决问题。

第二点是懂得利用搜索优化做事的思路和方法。

我们遇到问题，第一反应应当是去搜索，广开思路，而非闭门造车。你要先搜索解决问题的攻略，找到解决问题的一些方法和思路，然后根据其中的提示进一步搜索，该找资源找资源，该找工具找工具。

要知道，你面临的问题，大概率已经被不少人解决过了，其中不乏一些专业人士，他们眼界、经验或许都要高出你许多。你或许头脑灵活，有许多奇思妙想，不妨等搜集了其他人成熟的思路和经验之后，你再把巧妙灵感融入其中，加以补充和优化，形成独属于你自己的创造性思路。如若你一开始对自己过分自信，闭门研究，那么大概率研究出的是人家已经总结过的结论，更或许由于经验和眼力不如人家老道，在细节上你还不如人家考虑的周到全面。这样一来，办事效率岂不大打折扣？

所以，遇事你要勤于搜索、善用搜索，多去借鉴专业人士的成熟经验，避免重复造轮子。这样无论是对于技能的提升，还是对于做事效率来讲，都会事半功倍。我在之前所撰写的《超级搜索术》《超级高效术》两本书中，也都详细阐述过相关的方法。有兴趣看完整论述者可以去翻一翻。

第三点是重视实践。

不要止步于"我搜到了即是我得到了""我看懂了即是我学会了",要亲自动手去做。很多时候,想象和实际去做是两码事。有些事情看起来很简单,你真正上手去做时,才会发现其实有很多新的问题待解决。

我在搜索课中为大家展示了许多案例。你看过之后,或许会有豁然开朗的感觉——哦,原来这个问题要这么搜!你感觉自己好像是懂了,但是又好像没有完全懂。一旦换了其他场景,你可能又要迷糊了。所以我通常会留一些练习题目,你要自己多去动手搜一搜,不断总结反思,你才会逐渐形成真正的理解。这就是"不练不知道""实践才能出真知"。

其实很多问题并没有一个明确的解决思路,我们都是先找到一个大致的指导方向,根据现有的资料和线索一步步进行探究,我们要见招拆招、逢山开路、遇水架桥,才能一步步真正解决问题。你要多用搜索解决问题,将搜索形成一种习惯,在实践中不断精进搜索技能。

我为你准备了一份《学霸修炼手册》,你在公众号"朱丹自学力"搜索"学霸手册",即可获得。它可以助你成为解决问题高手。

第四点是学会积累。

我们要不断开阔眼界,触达未接触过的信息点,保持好奇心,勤于探索,多去接受、了解和学习新事物。在学习之余,你不局限于已知的答案。在客观事实的基础上,你要研究出独属于自己的经验和方法。这才是解决问题的王道。

《论语》中说:"学而不思则罔。"问题解决之后,你要整理问题解决的思路和方法,积累遇到的资源和工具,反思走过的弯路,总结其中的经验和教训。日积月累,你肯定会有所提升。

不积跬步无以至千里,不要放过搜索过程中任何一个微小的发现,把它整理到你的搜索笔记里。关于记笔记,我建议你不要将得到的信息直接转存，因为随手就能搜索到的信息没有保存价值。正确的做法应当是，把搜到的信息加以消化，用自己的话加以总结，整合到笔记体系里，把暂时未理解的集中到"待思考"的集子里，而将已消化的、知识性的、时效性强的信息丢掉。

探索精神与搜索技能之间是相互补充、相互促进的关系，富有探索精神地去搜索，会极大地提升我们解决问题的效率和质量，会更好地促进我们能力的提升，还能让我们创造性地解决问题、发挥个人价值。我们在解决问题的过程中，践行探索精神的四个要点，就可以精进搜索能力。预祝你在不断地探索中，不断进步，成长为搜索高手！

我们下一本书再见。